CON LAGRIMAS EN LOS OJOS

POR

ESTEBAN HILL

Editorial
PENIEL

CON LAGRIMAS EN LOS OJOS
Esteban Hill.

Publicado por:
Editorial Peniel
Boedo 25 (1206) Tel: 981-6034/6178
e-mail:penielar@starnet.net.ar
Bs. As. Argentina

en USA-Pto. Rico:
Tel: 1-800-224-7808 Fax: 718-788-7760
E-Mail: penielusa@juno.com

Publicado originalmente en inglés con el título:
TIME TO WEEP
por Stephen Hill
Copyright © 1997 by Stephen Hill

Traducido al español por
Virginia Lopez Gradjean
Copyright © 1996 By Editorial Peniel

ISBN Nº 987-9038-16-3
Producto Nº 316.032
Edición Nº 1
Año 1997

Printed in Colombia.
Impreso en Colombia.

A Jeri, mi amada esposa,
cariñosa madre de nuestros hijos,
mi constante compañera y
colaboradora en
los campos de la cosecha.

AGRADECIMIENTO

A mi madre, Ann E. Hill, quien peleó la batalla con lágrimas de parto. Gracias por no darte por vencida nunca en relación a tu hijo.

Gracias especiales a Larry Art, Verónica Rosas y Tomi Davidson por todo su trabajo de transcripción y su valiosa asistencia en el aspecto editorial.

Mi aprecio y gratitud a Leonard y Martha Ravenhill, ambos guerreros de lágrimas, por sus oraciones y su constante aliento. Gracias no sólo por señalar el camino, sino guiarme en él. El reverendo Ravenhill recibió su recompensa antes de que este libro fuera terminado. Su epitafio resume la vida de este amado siervo de Cristo: "Las cosas por las que vives, ¿vale la pena que Cristo muera por ellas?"

Gracias, Winkie Pratney, por tus sencillas reglas sobre cómo escribir y por tomarte el tiempo para ayudar a un compañero de lucha.

Gracias muy especiales a Scott Sawyer, por sus horas de trabajo editorial y por tener siempre una palabra amable para levantar el ánimo.

Al reverendo John Kilpatrick y la congregación de las Asambleas de Dios de Brownsville, en Pensacola, Florida, por su continua oración intercesora con lágrimas. Ustedes han llegado al corazón de Dios.

A todos los que nos apoyan en nuestro trabajo misionero en todo el mundo, les enviamos un sincero: "¡Dios les bendiga!"

CONTENIDO

Prólogo por Claudio Freidzon I

Introducción IV

Prefacio VI

1   Un hambre personal 1

2   Hambruna en la tierra 12

3   El dolor del Señor 27

4   Los hombres no lloran 48

5   El síndrome de los ojos secos 61

6   Un motivo para llorar 72

7   Llorando la Palabra 87

8   Lágrimas de parto 109

9   Estafadores ante el altar 129

10 Lágrimas de arrepentimiento 139

11 Una vasija para guardar tus lágrimas 148

12 Llorando por los campos 167

PROLOGO

Días atrás, leyendo los escritos de aquel gran hombre de oración llamado E. M. Bounds, subrayé la siguiente frase: *"El más alto estado de la gracia se muestra por la compasión hacia los pobres pecadores. Esta suerte de compasión pertenece a la gracia y ve no sólo el cuerpo de los hombres, sino sus almas inmortales, manchadas por el pecado, desgraciadas por no conocer a Dios y en peligro inminente de perderse para siempre."*

Conozco a Steve Hill desde hace varios años. Tuve el inmenso privilegio, junto a otros siervos de Dios, de participar con él de un tiempo muy especial de cosecha en Argentina en la década del ochenta. Siempre me bendijo su vida, su su integridad, su transparencia, su pasión por las almas...

Dios lo ha escogido en estos días como portavoz de un mensaje que esta sacudiendo los corazones adormilados de la Iglesia. Un mensaje directo y a la vez profundo, que comienza a oirse como nunca antes y que estoy seguro es el preludio de un avivamiento sin precedentes. Desde una pequeña ciudad de los Estados unidos, y a través de este siervo, el Espíritu Santo nos está hablando al corazón y nos dice: "No hay avivamiento sin lágrimas".

Cuando supe de este maravilloso mover del Espíritu Santo de inmediato hice los arreglos para visitar la Iglesia de las Asambleas de Dios de Brownsville; Pensacola. Los comentarios recibidos e

ran sin duda motivantes. Había un fruto evidente en todo lo que estaba sucediendo y me dirigí a aquel lugar con un profundo anhelo de recibir más de Dios.

Una multitud colmaba la Iglesia esa noche. Muchos de

I

los que estaban allí habían realizado largas filas durante horas para conseguir un lugar, y esto sucedía así desde junio de 1995. En aquel mes Steve Hill fue invitado a predicar en un culto conmemorativo al día del padre y cuando nadie esperaba que algo especial sucediera, ¡la gloria de Dios llenó el templo! Desde entonces miles de personas han conocido a Jesucristo como su Señor y Salvador, y otros tantos, cristianos apartados de la fe o simplemente religiosos han consagrado sus vidas a Dios como nunca antes. Adolescentes, drogadictos, pandilleros, personas presas por el ocultismo, todos por igual a recibieron este glorioso mensaje del evangelio. Yo mismo podía palpar aquella noche esa poderosa presencia de Dios que "electrizaba" el ambiente.

¡Y era más que una emoción! La predicación del evangelista impulsaba a los presentes con una fuerza casi incontrolable a ir corriendo al altar de la gracia y llorar por sus pecados. Cristianos e inconverso por igual eran confrontados con la santidad de Dios. El resultado eran lágrimas de arrepentimiento y consagración. En aquel día un nuevo destello de luz alumbró mis ojos y las palabras del gran evangelista John Wesley cobraron para mi un nuevo sentido: *"¿Qué es lo estorba la obra? Yo considero que la primera y principal causa somos nosotros. Si fuéramos más santos de corazón y de vida, totalmente consagrados a Dios, ¿No arderíamos todos los predicadores, y propagaríamos este fuego por todo país?"*

Este libro nació en el corazón de Dios. Moviliza, conmueve, llama al arrepentimiento. Despierta a la Iglesia a mirar con los ojos de Dios y sentir con su dolor la carga por los perdidos. Ha llegado el tiempo de impactar al mundo. ¿Cómo lo lograremos?: Con lágrimas en los ojos. Sintinedo ese amor que nos constriñe, esa carga que llevaba al apóstol Pablo a decir por sus hermanos judíos: *"Verdad digo en Cristo, no miento, y mi conciencia da testimonio conmigo en el Espíritu Santo, de que tengo gran tristeza y continuo dolor en mi corazón. Porque yo mismo desearía ser anatema, separado de Cristo, por amor a mis hermanos, los que son mis parientes según la carne"*. Y ese dolor lo llevaba a clamar: *"Hermanos, ciertamente el anhelo de mi corazón, y mi oración a*

Dios por Israel, es para salvación" (Romanos 9:1-3; 10:1)

Nuestras lámparas no alumbrarán lo suficiente hasta que lloremos por nuestros propios pecados, y por los pecados y el dolor de nuestra ciudad, de nuestra nación y del mundo todo.

¡Dios te ha llamado a ser un protagonista del gran avivamiento! Este libro te mostrará las claves fundamentales para cumplir tu llamado. Serás un ganador de almas. Sensibilizará tu corazón para que puedas derramar aquellas lágrimas que preparan el camino para la abundante cosecha.

Podrás decir con el viejo himno:

"Aunque débil, mi compasión me mueve,
Y llora por aquellos que más ama;
Salva Tú, con tu potente brazo.
Y transforma estas lágrimas en gozo

Claudio Freidzon

INTRODUCCION

Este libro habla de las lágrimas. En una cultura cínica y encallecida como la nuestra, hemos olvidado cómo llorar. Nuestra sociedad plagada de alta tecnología necesita desesperadamente un toque sobrenatural de lo alto.

Estuve en Haight-Asbury en "el día que murió la música", cuando los mismos hippies tomaron un gran ataúd, lo pasearon por las calles y enterraron oficialmente el movimiento hippie. Entonces vino la Era de Acuario, "la luna en la séptima casa, Júpiter alineado con Marte", ¡y no sucedió nada! El sueño se hizo pedazos. ¿Qué fue lo que falló? Los jóvenes de la generación pasada sabían bailar, sabían reír y sabían cantar. Pero nunca aprendieron a llorar.

Algunos de los autores de los viejos clásicos de rock lo comprendían. El amor puede significar dolor; el amor puede significar separación; el dolor puede, sin lugar a dudas, significar lágrimas.

Sí, la metáfora central de la "generación X" es el dolor. El negro de luto es el color elegido por la generación más numerosa de la historia de este país: la décimotercera generación, que ha heredado un agujero negro de promesas rotas, esperanzas rotas y sueños rotos. Si alguna vez un mundo necesitó conocer el poder redentor de las lágrimas, es ahora.

Esteban Hill no es un hombre triste. Como uno de los evangelistas misioneros más apasionados y devotos que conozco, es un hombre que arde de amor por Jesús y por la gente. Esa gozosa intensidad brota de sus ojos cuando uno le habla de Cristo, y cuando Esteban habla de las tremendas visitaciones de Dios sobre su vida y su ministerio. Pero Esteban ha visto el otro lado de

IV

la salvación. El, como el Maestro, conoce el precio del gozo que ha sido puesto delante de él. Esteban Hill ha salido llorando "a sembrar la preciosa semilla", y las increíbles cosechas que ha recogido en su vida son evidencias del poderoso y tierno secreto que comparte contigo en este libro.

Al profeta Ezequiel le fueron dadas palabras inexpresables: "...porque yo me quebranté a causa de su corazón fornicario que se apartó de mí" (Ezequiel 6:9).

Es el versículo más breve de toda la Biblia: "Jesús lloró." Lee este libro, y darás un paso gigantesco para saber porqué.

- **Winkie Pratney**

P R E F A C I O

...porque Jehová ha oído la voz de mi lloro.

SALMO 6:8

Nos han zamarreado tanto que hemos quedado inconscientes. Las imágenes que vemos en el noticiero de la noche y en la edición matutina titilan en nuestros ojos cansados y nuestras mentes exhaustas. En cierta época nos habrían lastimado profundamente esas atrocidades. Ahora simplemente tomamos el control remoto o damos vuelta la página. ¡Ya basta!

El continuo rechazo de la humanidad hacia el juicio inminente y las continuas escupidas en el rostro de Dios han traído sus consecuencias.

Y ahora, con una conciencia gastada, como la de un experimentado pecador, nos dejamos llevar a un estado de inconsciencia: sin sentir nada, sin ser alcanzados por nada, sin dar importancia a nuestra responsabilidad. La iglesia de Dios se ha vuelto innegablemente insensible. Y mientras nos perdemos voluntariamente, con los ojos vagando en las estrellas, en la última fantasía de moda, en la casa de al lado se viven historias verdaderas de dolor, pena y muerte.

Hoy, la adicción entre los cristianos ha llegado a un punto máximo... no adicción a las pastillas y la cocaína, sino al papel y todo lo que sea impreso. Nos hemos perdido en un mundo imaginario y somos rehenes que no oponen resistencia. Como los adictos, bajamos de los "picos" buscando otra dosis. Justo a tiempo: ¡otra emoción, otra ilusión! En nuestro interior estamos gritando: "¡Sáquenme de este mundo!"

Pero eso no sucederá: el Señor no lo permitirá. Y mientras la realidad nos pide una respuesta, el peligro se acerca aún más. La muerte y la destrucción están a la puerta. El dolor y la miseria no quieren dejarnos en paz. Dios nos está obligando a enfrentar todo esto.

Pienso en las palabras que dijera el rey Salomón hace más de tres mil años: "Me volví y vi todas las violencias que se hacen debajo del sol; y he aquí las lágrimas de los oprimidos, sin tener quien los consuele; y la fuerza estaba en la mano de sus opresores, y para ellos no había consolador" (Eclesiastés 4:1).

Reflexiona, sólo por un momento, en las estremecedoras palabras del rey. ¿Te suenan familiares? ¿Describen cómo te sientes al ver las noticias o leer los titulares? En este mismo instante, inocentes víctimas de guerra son violadas, golpeadas y libradas a su suerte hasta que mueran. Niños pequeños observan, con lágrimas en los ojos, ese ataúd de madera de pino en el que su mamá es enterrada para siempre. Repentinamente, la triste realidad de la muerte se ubica en tu sala de estar, en tu alma, como una nube negra. Y te das cuenta de que nada ha cambiado en tres mil años.

Como a todos, me desconcierta la situación de nuestro planeta. Las cosas que suceden en un día nos destrozan el corazón: matanzas caóticas; sufrimientos sin sentido; personas abandonadas y enloquecidas que detonan explosivos y aplastan a los inocentes en una ráfaga de furia; los estallidos de violencia mensuales de los tiranos de turno que siguen alimentando su pasión por más, más y más; niños que juegan con armas y siembran el terror en sus vecindarios, mientras "protegen" los "derechos territoriales" de su pandilla.

Las calles, los hospitales y las morgues rebosan de mártires entregados al dios del alcohol y las drogas. Los políticos, presionados por todos lados, luchan por respirar en un mar de contaminación y corrupción. Los líderes de los gobiernos caen como fichas de dominó. La comida que debería ser para los que sufren hambre se echa a la basura y se pudre. Las perversiones se pasean descaradamente por la calle principal bajo el cartel de "estilos de vida alternativos". Los que aún no nacieron son masacrados sin misericordia. Millones de creyentes que alguna vez temieron a Dios son "llevados por doquiera de todo viento de doctrina". El odio se mantiene siempre a punto de ebullición, listo para explotar con cualquier excusa. Los jóvenes, incapaces de superar las presiones de cada día, se quitan la vida. La lista continúa.

¿Cuál es la verdad del asunto? Existe un ámbito espiritual muy real, y un enemigo muy real nos tiene engañados. El bien y el mal están en guerra. Nuestros corazones son el campo de batalla. Nuestras almas son el botín.

La injusticia y el tumulto han existido siempre. Desde la ira envidiosa de Caín que asesinó a su hermano Abel, hasta el cerebro demente de Adolf Hitler en este siglo, el hombre se ha asegurado continuamente de un baño de sangre. La ley de la jungla es la ley del asfalto: la supervivencia de los mejores.

El dolor y las heridas han seguido al hombre desde siempre, y continuarán con él todos los días de su vida. Y un compañero indeseable pero constante, el príncipe de las tinieblas, constantemente camina a su lado, guiando cada uno de sus pasos, engañándolo, robándole y destruyéndolo lentamente. El éxito de Satanás en esta empresa no debe sorprender a nadie. Después de todo, la posesión más buscada para él es la materia prima del corazón humano... y éste ya es engañoso y perverso, aún antes de que él haga su obra en su interior. "Engañoso es el corazón más que todas las cosas, y perverso; ¿quién lo conocerá?" (Jeremías 17:9).

Yo puedo dar testimonio personal de la habilidad de Satanás para manipular. Sus mentiras me atraparon desde muy temprano en mi vida, y me guiaron por la pendiente de la destrucción. Semillas de engaño, perfectamente sembradas durante mi infancia y cuidadosamente regadas durante mi adolescencia, produjeron un huerto de hierbas saludables pero inútiles. El bien fue ahogado por el mal. Pronto me encontré atrapado en las garras de la rebelión, el alcohol y las drogas. La cárcel se convirtió en mi segundo hogar.

Mi corazón era duro; vivía en agonía. El terreno de mi corazón estaba devastado por la guerra y el desierto. Yo deseaba salir de todo eso, pero no encontraba la puerta.

VIII

En realidad, mi historia es la de una atadura total. Pero terminó, como millones de otras historias, con la emocionante experiencia de liberación y vida nueva. Jesucristo vino a buscar y a salvar a los perdidos. El me encontró, sanó mis heridas y me puso en el camino de la vida eterna. Y ahora, a más de dos décadas de mi liberación, escribo este libro.

El propósito de este libro es contestar una pregunta que he escuchado durante años en todos mis viajes como evangelista. Los cristianos de todo el mundo quieren saber el qué, quién, cuándo, dónde y porqué del evangelismo, pero seguimos lamentando nuestros magros éxitos. La pregunta que constantemente surge es: "¿Cómo puedo ser más efectivo en el evangelismo y confrontar a la gente con la realidad de Cristo?"

He trabajado en muchos países, predicando el evangelio desde los santuarios de las ciudades hasta en las calles bajas de los suburbios, y he llegado a algunas conclusiones. A través de los éxitos y los fracasos, he aprendido innumerables lecciones.

He tenido que resolver miles de complejos problemas, y he orado con innumerable cantidad de personas que sufrían. He aprendido que, no importa cuán abrumadora pueda parecer una situación, hay esperanza. He visto que "los montes se derritieron como cera delante de Jehová" (Salmo 97:5). ¡Cuando Dios aparece, muere el desánimo!

Luego de años de ver cómo el evangelio es aceptado o rechazado, he llegado a la conclusión de que, cualquiera sea su expresión externa, las personas están desesperadamente solas. Por fuera pueden ser valientes como leones, pero por dentro son tiernas como palomas. La mano que arroja piedras en cruel rebelión va junto a un corazón que clama por algo en qué creer. Un hombre puede aparentar tener todo perfectamente en claro, estar completamente convencido de que es feliz y pleno, pero por dentro está ahogándose en un mar de confusión. La Palabra de Dios declara explícitamente que: "Aun en la risa tendrá dolor el corazón" (Proverbios 14:13).

He visto con mis propios ojos a muchos pandilleros airados y endurecidos por la vida en las calles, llorando de arrepentimiento al revelarse su soledad. Las máscaras salen flotando en un mar de lágrimas.

He visto hombres y mujeres de negocios clamar pidiendo perdón, confesando su vacío, anhelando ser tocados por la mano de su Creador. He visto personas poseídas por demonios que lloran pidiendo liberación, derritiéndose a la mención del nombre de Jesús. Y he observado, maravillado, a adolescentes, envueltos en el poder de Dios, rogar al unísono: "¿Qué podemos hacer para ser salvos?"

Desde el hombre obsesionado por el éxito que trabaja en Wall Street hasta el mendigo andrajoso que vive en las calles de Haiti, todos comparten una característica común. Una característica que es visible en ricos y pobres, intelectuales e ignorantes, criminales condenados a muerte y dulces ancianitas, trabajadores y empresarios, melancólicos y alegres. Hay un hilo que los une, una necesidad crucial.

Sabes, detrás de todas las perplejidades, debajo de todas las fachadas bien pintadas, más allá de las incontables barreras de la teología religiosa, aún existe un alma humana creada por Dios, que desea conocerlo.

No importa lo que haga o diga una persona, siempre sentirá un terrible vacío mientras viva separada de su Creador. Nunca será verdaderamente feliz hasta que se reúna en espíritu con Dios.

Cientos y cientos de libros han sido escritos sobre cómo llevar a una persona desde el punto A (una vida sin Dios, manejada por deseos y ambiciones egoístas) hasta el punto B (una nueva criatura en Cristo Jesús, motivada por el amor y que disfruta de comunión constante con el Creador).

Pero este libro se concentrará en el ingrediente faltante que parece ser una clave vital en la presentación de la verdad de Cristo a los no creyentes. A lo largo de las Escrituras, hubo hombres y mujeres movidos y motivados por este elemento. Y durante siglos, los predicadores y los evangelistas han observado, maravillados, cómo algo tan inocente y tierno ha producido cambios tan poderosos y efectivos en las vidas de las personas. Los evangelistas han abusado de ello, y los pastores lo han confundido.

Hablo del lenguaje de las lágrimas, de llorar delante de Dios por nuestra condición de pecadores y por el estado de perdición del hombre. Este no es, de ninguna manera, un estudio exhaustivo del tema, sino más bien una compilación de años de investigaciones y experiencias personales. Leerás relatos detallados de reuniones en las que la soberana presencia de Dios produjo oleadas de llanto. Recorrerás los diarios personales, los corazones y las mentes de David Brainerd, George Whitefield, Charles Finney, Dwight L. Moody, Evan Roberts, Robert Murray Mc-Cheyne y otros, sobre quienes cayó la presencia de Dios, produciendo sollozos y lágrimas de arrepentimiento. Descubrirás porqué hay personas que creen sufrir de un impedimento físico para derramar lágrimas y qué puede hacerse al respecto. La ciencia médica nos mostrará la composición fisiológica de las lágrimas, cómo se producen y qué cosas nos hacen llorar. ¿Sufro del síndrome de los ojos secos? Y si es así, ¿puedo sanarme?

Lloraremos junto con el Señor por la condición actual del hombre. Visitaremos la superficie seca y rugosa del corazón, donde un mensaje transportado por las lágrimas puede ablandar el suelo, plantar la semilla y hacerla madurar hasta producir una abundante cosecha. Esperamos llegar a la verdad que se esconde tras las palabras del general William Booth, fundador del Ejército de Salvación, que les escribió a un grupo de evangelistas frustrados por sus fracasos: "¡Intenten con lágrimas! ¡Intenten con lágrimas!'

Oro para que al final de este libro clames, junto con Jeremías: "¡Oh, si mi cabeza se hiciese aguas, y mis ojos fuentes de lágrimas, para que llore día y noche los muertos de la hija de mi pueblo!" (Jeremías 9:1). Y espero que confieses, así como el salmista: "Fueron mis lágrimas mi pan de día y de noche, mientras me dicen todos los días: ¿Dónde está tu Dios?" (Salmo 42:3).

Hemos entrado en tiempos difíciles. Según las Sagradas Escrituras, la vida, tal como la conocemos en este planeta, estará cada vez peor. Toda la creación gime por el final. La maldad está en su punto más alto. Los hombres malignos y los engañadores son cada vez más, y se ciernen sobre nosotros tiempos de peligro, tal como lo predijo Pablo (2 Timoteo 3).

Muchas personas están endurecidas, pero no sin esperanza. Los que están confundidos pueden encontrar la calma. Los perdidos pueden ser hallados. Los que odian pueden ser sanados. El Señor afirma: "Todo tiene su tiempo,... tiempo de llorar, y tiempo de reír; tiempo de endechar, y tiempo de bailar" (Eclesiastés 3:1, 4).

¡Este es el tiempo de llorar!

Porque el camino del avivamiento es a través de las lágrimas.

U N O

UN HAMBRE
PERSONAL

Necesitamos que caigan lágrimas genuinas en el
suelo seco y resquebrajado de los corazones de
las personas, preparando así el camino
para la semilla de la Palabra de Dios que da la vida.

Un adolescente que había estado involucrado en una secta derramaba lágrimas de gozo al encontrar a su verdadero Salvador. Los estudiantes de la preparatoria llegaban por docenas, y se quedaban allí durante horas, "como clavados al suelo", según dijera un observador. Más de doscientos adolescentes, muchos de familias de clase media y alta, fueron salvos ese día. Una mujer de negocios aceptó al Señor ese día, y corrió a buscar a sus amigas. Ellas también aceptaron a Cristo.

Con una convicción que rara vez he visto en gente de dinero, esta mujer decía: "No se vaya de Curico. Por favor, no se aleje de nuestra ciudad. ¡Dios nos está visitando! ¡Usted debe quedarse!"

Otros testificaban diciendo que habían tratado de dejar la plaza pero no podían hacerlo porque algo los atraía. Encuentros de negocios cancelados, almuerzos olvidados y planes cambiados, todo porque los pecadores permanecían allí durante horas.

No había grandes atracciones espectaculares en esa reunión. Nuestro equipo se mezcló con la gente mientras, a través del sistema de sonido, se escuchaba una suave música de adoración. Cada pecador interesado era confrontado directamente con el estado de su alma.

¿Cuál fue el resultado? Jamás he llevado tantas personas a Cristo, de a uno por vez, durante un período de tiempo tan breve. Todos estábamos llorando. El pasaje de la Escritura sonaba tan real: "Irá andando y llorando el que lleva la preciosa semilla; mas volverá a venir con regocijo, trayendo sus gavillas" (Salmo 126:6).

Ese día estábamos viendo resultados increíbles en la ciudad de Curico, Chile. Realmente, la cosecha fue más que abundante, pero había mucho más. Creo que eso fue resultado directo de la obediencia al Señor.

Déjame explicarte. Poco antes, Dios me había hecho atravesar uno de los períodos más duros de mi vida. Alguien dijo alguna vez: "Dios puede arrastrarte a través de cualquier situación, si soportas los tirones." Las lluvias del cielo que yo experimentaba ahora habían llegado después de una hambruna amarga y prolongada.

Varios años antes, en el pico de una sequía espiritual personal, el Señor comenzó a trabajar intensamente en mí en relación a un aspecto en particular: las lágrimas. Yo había estado trabajando fielmente en los campos, en Argentina. Mi vida devocional estaba intacta, mi matrimonio era fuerte. El frenesí de actividad había producido algunas nuevas y maravillosas iglesias.

Hasta ese momento, mi esposa y yo habíamos sufrido algunas pruebas y tribulaciones. Habíamos recibido ataques personales del enemigo. Jeri había sufrido numerosos problemas físicos. Algunos fueron sanados por la oración, otros por medio de cirugías con un fuerte apoyo en la oración. Durante muchos tiempos de problemas económicos ayunamos y oramos, y observamos cómo el Señor, maravillosamente, respondía a cada necesidad nuestra.

Varios años antes habíamos aprendido que las victorias más increíbles son seguidas inmediatamente por batallas igualmente increíbles. El evangelista estadounidense Dwight L. Moody

(1837-1899) dijo en cierta ocasión: "El diablo siempre está esperándote al pie de la montaña." Cuán ciertas son sus palabras. Muchas veces nos espera en una emboscada, pacientemente, hasta que llegue el momento oportuno.

Muchas de nuestras victorias habían sido ganadas por una palabra del Señor anterior a la batalla: "No temáis ni os amedrentéis delante de esta multitud tan grande, porque no es vuestra la guerra, sino de Dios. Mañana descenderéis contra ellos;..." (2 Crónicas 20:15, 16).

Otras victorias fueron ganadas con una sencilla confianza en Dios en medio de una violenta lucha. "Y fueron ayudados contra ellos, y los agarenos y todos los que con ellos estaban se rindieron en sus manos; porque clamaron a Dios en la guerra, y les fue favorable, porque esperaron en él" (1 Crónicas 5:20).

Ahora estábamos subidos a la ola del gran avivamiento en Argentina. Entonces fue cuando el Señor comenzó a examinar profundamente mi corazón. Durante este tiempo de gran botín espiritual, muchos de los obreros de nuestro ministerio comenzaron a quejarse. El trabajo era muy pesado. Querían más dinero. Un espíritu de descontento se había apoderado de nuestras filas. El Señor comenzó a disminuir el fluir de las bendiciones.

Repentinamente comenzamos a ver actitudes equivocadas. Los motivos eran desvirtuados. La obra del ministerio se había convertido en una ocupación... y Dios había comenzado un serio proceso de tamizado. Aprendimos innumerables lecciones, todas muy duras.

Recuerdo la expresión: "Todos estamos en la escuela de Dios... y nunca llegamos a graduarnos." Ahora era el tiempo del examen. A todos se nos había dado un cuestionario. Todos estábamos siendo pesados en la balanza, y a muchos se les encontró en falta. Yo mismo encontraba que las presiones eran demasiado pesadas sobre mí. Así que comencé a esconderme en mi lugar secreto para pasar tiempo con el Señor.

El hecho de encerrarme a pasar las horas de la mañana con el Señor llegó a ser invalorable. Joseph Caryl (1602-1673) afirmó: "Según el peso de la carga que te aflija, será la intensidad de tu clamor a Dios."(1)[1] Mi motivación para buscarle habìa sido la revelación de los peligros que rodeaban a nuestro botín. Después de todo, quiénes éramos nosotros para pensar que Satanás iba a "entregar" miles de sus cautivos (prisioneros de guerra) sin que hubiera serios conflictos? Era el momento de buscar al Señor como nunca antes. Mi mayor deseo llegó a ser ver más de Dios y menos del hombre en nuestro ministerio. Deseaba un toque nuevo, una unción nueva. Ansiaba tener intimidad con Jesús.

Muy temprano, cada mañana, abría mi diario personal y leía una porción de lo que había escrito muchos años antes. Estas palabras se convirtieron en una revelación nueva para mí:

Siento en mi alma el anhelo de conocerlo, y el poder de su resurrección, y la participación de sus padecimientos.

Este es un momento tan dulce para Jeri y para mí. Hemos estado ayunando durante varios días con la intención de acercarnos a nuestro Salvador. El nos redimió hace muchos años, pero ahora quiere que entremos en una nueva dimensión de su semejanza.

Hay tanta obra por hacer en este mundo. Temo, no al hombre ni a la bestia, sino a mí mismo. Sé que en mis propias fuerzas puedo llevar a cabo cruzadas y construir iglesias. Pero no debo hacerlo en mis propias fuerzas.

Lo que yo sentía en esos momentos era el reflejo de una idea que luego leí en un escrito del padre de la Reforma en el siglo XVII, Martín Lutero. El dijo: "Me preocupa más mi propio corazón que el papa y todos sus cardenales. Tengo dentro de mí al gran papa: el YO."[2] Los escritos de Robert Murray McCheyne agregan el toque final: "No existe nada más engañoso que tu estimación de tus propias fuerzas."[3]

Esa página de mi diario continuaba diciendo:

Sólo las obras construidas desde el trono de Dios permanecerán. Algunas veces mi energía puede ser mi peor enemigo. Mi ansiedad por trabajar, mi fervor por las almas perdidas, mi celo por la obra de Dios, muchas veces no dejan ver el verdadero propósito de la vida.

Vivir es Cristo. Mi carrera debe ser Cristo. No hay nada

en este mundo más importante que sacar agua del pozo de la Palabra de Dios; estar echado a los pies de Jesús, recibir enseñanza, instrucción, guía y dirección de mi Maestro y Señor.

Anhelo el ser de Cristo. Conocerlo es amarlo. Conocerlo es hablar con él, escuchar, obedecer.

Qué gozo es sentarme en su presencia y aprender de él. Sus caminos no son nuestros caminos. Sus pensamientos no son nuestros pensamientos. Podría avanzar un poco más y decir que sus planes, técnicas, métodos y todas esas cosas no son los nuestros. Debo sumergirme continuamente en la presencia de Dios. De Dios, y sólo de él, debo recibir mis instrucciones para cada día.

Siento que el problema no son los obreros; lo que les falta es profundidad en su camino. El Señor necesita obreros que estén dispuestos a tomar sus instrucciones del Amo de la cosecha. Es tan fácil, con toda la sabiduría y comprensión humanas, meternos en la obra de Dios. Aramos, roturamos la tierra, echamos la semilla, echamos fertilizantes, regamos y cosechamos sin mirar ni una sola vez al Señor de la cosecha.

¿Qué nos está diciendo? ¿Cuál es su tiempo? ¿Dónde están sus campos? ¿A quién está conmoviendo él? Debo saber lo que hay en el corazón de mi Jesús. Debo venir diariamente a su mesa.

En nuestro interior, todos estamos de acuerdo con Salomón. Cuando estaba a punto de encarar una gran responsabilidad, él confesó: "...yo soy joven, y no sé cómo entrar ni salir. ... Da, pues, a tu siervo corazón entendido" (1 Reyes 3:7, 9).

Así que aquí estaba yo otra vez, varios años más tarde, sentado a los pies del Maestro, deseando las migajas que caían de esa mesa celestial. Una vez más estaba atravesando un valle espiritual muy seco. He llegado a apreciar estos tiempos difíciles. No son tiempos para dudar de Dios, sino en cambio, para buscarlo. "Todo lo que pueda ser ocasión de tristeza para el pueblo de Dios," dice John Flavel, "no es fundamento suficiente para que éste cuestione la realidad de su cristianismo. Sea cual sea el motivo de la aflicción, debe llevarlo hacia Dios, no lejos de él."[4] Ahora, el Señor, con su misericordia habitual, estaba comenzando a revelarme sus pensamientos.

Primero me llevó a la cruz... y me dio tiempo para que volviera a subir a ella. Antes de seguir adelante, deja que te explique esto. Todos estamos de acuerdo con que la obra del Señor en la cruz fue completa. Así como Cristo lo hizo, yo creo que debemos caminar hacia el Calvario, subir al Gólgota y experimentar los dolores y la humillación de la crucifixión para poder levantarnos a la nueva vida. Una vez que hemos pasado por esta experiencia podemos proclamar junto con el apóstol Pablo: "Con Cristo estoy juntamente crucificado, y ya no vivo yo, mas vive Cristo en mí; y lo que ahora vivo en la carne, lo vivo en la fe del Hijo de Dios, el cual me amó y se entregó a sí mismo por mí" (Gálatas 2:20). Ahora somos hombres muertos que viven. Muertos al pecado, pero vivos para Dios. "Así también vosotros consideraos muertos al pecado, pero vivos para Dios en Cristo Jesús, Señor nuestro" (Romanos 6:11).

Es después de esta resurrección a la nueva vida que comenzamos a escuchar el galope del enemigo que se aproxima. Lee un poco más sobre la guerra que te espera en Romanos, capítulos 6, 7 y 8. Ahora presentamos nuestros cuerpos, diariamente, como sacrificios vivos (Romanos 12:1, 2), y morimos diariamente a nuestra naturaleza pecaminosa. Esto es elemental, pero extremadamente difícil, para la mayoría de los creyentes.

En la serie Ministry (Ministerio), de J. B. Stoney, encontramos esta osada amonestación: "Estoy crucificado con Cristo. Si fallo, revivo la carne; no tengo derecho de revivir la carne, y si lo hago y no lo juzgo, revivo lo que Dios ha decretado legalmente como terminado en la muerte de su Hijo. No es sólo que hago algo equivocado, sino que es penoso revivir aquello que Dios ha apartado de sus ojos."[5]

Sabes, el único problema de ser un "sacrificio vivo" es la parte de "vivo"; es decir, el hecho de que podemos subir y bajar del altar a voluntad. Leonard Ravenhill me dijo muchas veces: "La única razón que tienes para volver al altar hoy, es si saliste de él ayer. Deberíamos dejar de cantar: 'Hay lugar en la cruz para ti', y empezar a cantar: "Hay lugar sobre la cruz para ti'."

Desde la cruz tomamos una perspectiva totalmente distinta. Clavados, sin poder movernos, desprovistos de toda energía física, despojados de todos los deseos y ambiciones egoístas, estamos indefensos. Ahí es cuando el verdadero hombre o la verdadera mujer de Dios aprende a confiar. Dicho en las palabras del Maestro, "en tus manos encomiendo mi espíritu" (Lucas 23:46).

Desde la cruz comienzo a ver la humanidad perdida a través de los ojos de Cristo. Estando suspendido entre el cielo y la tierra, la eternidad se ve más claramente. Vemos la vasta separación entre Dios y el hombre. Vemos ovejas perdidas, hambrientas, sin pastor. Hombres ciegos tropezando en las tinieblas, sin esperanza, destinados a la destrucción.

La verdadera compasión proviene de una profunda comprensión de la imagen completa. Lo vi más claramente: él es la única esperanza. Ya he aprendido la lección antes, pero es hora de aprenderla otra vez. Es Cristo, solamente Cristo.

Desde la cruz, a suficiente altura como para tener una mejor vista, pero suficientemente bajo como para poder comunicarnos, comenzamos a comprender el esquema de la vida. Es un vapor, una niebla, una flor que se marchita, un aliento. A los ojos de la eternidad, la vida termina en segundos.

Mi hambruna personal estaba llegando a su fin. Cuanto más tiempo estaba allí colgado, más claro lo veía todo. A medida que moría la carne, el espíritu emergía. La afirmación de Pablo cobraba vida una vez más: "Con Cristo estoy juntamente crucificado, y ya no vivo yo, mas vive Cristo en mí; y lo que ahora vivo en la carne, lo vivo en la fe del Hijo de Dios, el cual me amó y se entregó a sí mismo por mí" (Gálatas 2:20).

Estando sobre la cruz, se intensificó en mí el deseo del rocío del cielo: "Tengo sed. Padre, estoy tan sediento." Desde la cruz vi que Jesús había causado esa necesidad. El me estaba llevando por el desierto y ahora satisfacía mi anhelo de agua viva. "Bienaventurado el hombre que tiene en ti sus fuerzas, en cuyo corazón están tus caminos. Atravesando el valle de lágrimas lo cambian en fuente, cuando la lluvia llena los estanques" (Salmo 84:5, 6). "Los que sufren de una escasa provisión de agua se es-

fuerzan por atravesar el valle seco, pero no desesperan ni desfalle-
cen, porque Dios es su manantial, del cual beben y son refresca-
dos."[6]

Cuanto más estudiaba a Cristo, hablaba con él, lo adoraba
y leía sobre las experiencias de otros hombres con él, más claro
parecía todo. Mis lágrimas caían libremente mientras él me revelaba su único deseo para mí: que lo conociera, que anduviera con
él y tuviera comunión con él; ése es nuestro único deber. Mis talentos y habilidades eran nada en presencia del Señor. Los éxitos
parecían nada. Los fracasos también se desvanecían.

Yo sentía que las lágrimas limpiaban mis ojos espirituales. Henry Ward Beecher comprendió esta experiencia:

Los astrónomos han construido telescopios que pueden
mostrarnos miríadas de estrellas nunca vistas antes; pero cuando
el hombre mira a través de una lágrima que brota de sus propios
ojos, tiene un lente que se abre para alcanzar lo desconocido, y revela mundos que ningún telescopio, por mejor construido que esté, podría mostrar; y que trae a la visión hasta el trono de Dios, y
atraviesa la nebulosa distancia en la que están esas verdades eternas que constituyen la verdadera vida.[7]

Las lágrimas continuaban cayendo. Durante meses continuaron cayendo. Clamar a Dios con lágrimas santas tiene la pro-
piedad de limpiar nuestros ojos espirituales. Así como una lágrima
física limpia el ojo físico de cualquier sustancia extraña, así las lágrimas espirituales nos limpian de impurezas espirituales. ¡Cuánto
mejor es esto! Cuando es genuino, podemos ver mejor. Jesús estaba limpiando mis ojos espirituales.

Durante este tiempo de refrigerio espiritual, la Palabra de
Dios se volvió la fuente de mi vida. ¡Qué tesoro nos ha dejado él
en su Palabra!. También comencé a familiarizarme con los escritos de nuestros ancestros espirituales. Comencé a beber profundamente de las obras de George Whitefield, David Brainerd y decenas de otros. Yo había leído, estudiado, y hasta escrito ensayos sobre estos protagonistas de avivamientos en el pasado; pero ahora
sus vidas y ministerios tomaban un nuevo significado para mí. Estos hombres habían sido testigos de algo que yo anhelaba experi-

mentar.

Por favor, compréndeme: en mi breve vida como cristiano yo había visto más de lo que mucha gente ve a lo largo de todos sus años de vida. Después de todo, había sido librado milagrosamente de las drogas. Había visto miles de personas aceptar a Cristo, tanto en los Estados Unidos como en otros países. Había visto caminar a los paralíticos, y a los ciegos, ver. En decenas de oportunidades había visto personas poseídas por demonios pateando, gritando y echando espuma por la boca, para luego sucumbir ante el poder de Cristo. Había sido parte del gran avivamiento en Argentina, en el cual cientos de miles de personas se arrodillaron ante la cruz. ¿Qué más podía desear? La respuesta era, y aún es: mucho.

Yo anhelaba algo soberano: no elaboradas reuniones de cruzadas en las que la gente quedaba encantada por el dinámico evangelista; no grandes atracciones a las que miles de personas llegaran deseosas de experimentar algo extraño o diferente; no "nuevas" manifestaciones sobrenaturales que llegan y se van con el viento.

Yo quería un mover profundo y santo del Espíritu. ¡No entre los cristianos, sino entre los pecadores! Deseaba ver a Dios descender en una forma que hiciera que todos proclamaran: "¡Esta es la presencia del Señor!"

Poco sabía yo que Jesús estaba a punto de abrir para mí un área de ministerio que sobrepasaría todo lo que pudiera imaginar. En unos pocos meses comenzaría a ver personas derritiéndose en presencia del Señor. Los pecadores serían atraídos, no por alguna cosa "nueva", sino por la soberana presencia de Dios.

Mi hambruna personal me produjo un intenso deseo de algo genuino. Yo quería ver a los pecadores acercarse al Señor sólo por haber sentido su presencia. Deseaba sentir el dolor, confrontar la necesidad y ver lágrimas de arrepentimiento. Sobre todo, anhelaba ver una obra profunda, que diera por resultado una experiencia con Cristo Jesús que les transformara la vida.

El respondió mi oración. Ese día en la plaza fue un ejemplo. Marcia abrazó a su mejor amiga, Jacqueline, diciendo que tenía ganas de llorar. Yo le dije: "Mírame a mí... ¡estoy llorando por ti! ¡Llora tú también!"

Un grupo de adolescentes rodearon a las dos jóvenes. Un jovencito dijo: "Podemos sentir la presencia de Dios. ¿Qué hacemos ahora?" Oramos, y todos recibieron a Cristo. Marcia se echó a llorar. Esa noche, en nuestra campaña en la carpa, Marcia y Jacqueline pasaron al frente con cinco amigas nuevas.

Ese día, el amor y la misericordia de Dios volaban como flechas hacia los corazones. El bendito Espíritu Santo estaba atrayendo a los corazones hambrientos a Jesús. Un auto en el que estaban tres estudiantes universitarias que deseaban conocer a Dios, con su abuela, se detuvo cerca de nosotros. Era la tercera vez que venían. Me metí en el auto y les compartí a Jesús. Ellas nunca habían sentido nada como la presencia de Cristo que se manifestaba allí. Dos de las jovencitas se quebrantaron y comenzaron a sollozar. Las cuatro aceptaron a Cristo.

A partir de ese día, cada jornada rebosaba de experiencias de salvación. La lista crecía cada vez más. En pocos días, cientos de personas habían entregado sus vidas al Salvador recién hallado. Dios había transformado este parque de placeres terrenales en un lugar de piedad celestial. "Fluye, Espíritu Santo. ¡Fluye!"

Desde entonces, el Señor me ha permitido ver una dimensión espiritual del ministerio que supera las palabras. Nunca antes había visto la cosecha de pecadores (ricos y pobres, miembros de sectas, decenas de adolescentes) literalmente temblando en presencia del Señor. Personas que ni siquiera habían escuchado la predicación, que ignoraban lo que estaba sucediendo, se acercaban con preguntas sobre sus almas.

Richard Baxter, un pastor inglés del siglo diecisiete, dijo: "Vé a los pobres pecadores con lágrimas en tus ojos, que ellos vean que tú crees que están en un estado miserable, y que te compadeces infinitamente de su situación. Que ellos perciban que el deseo de tu corazón es hacerles bien."

Las palabras de George Whitefield reflejan lo que ocurrió en esa campaña y en las que le seguirían: "La obra actual del Espíritu Santo parece ser notable y extraordinaria, en cuanto a las cantidades de personas que se han acercado. Nunca hemos visto tantas personas llevadas al punto de preocuparse por sus almas, y preguntando con gran inquietud: "¿Qué debemos hacer para ser salvos?"[8]

Sigue leyendo, amigo. Una y otra vez hemos visto la presencia del Señor caer como la lluvia sobre multitudes de personas hambrientas y sedientas. El atraviesa las barreras denominacionales, y desea visitarte.

Este libro es publicado en medio de una maravillosa y refrescante lluvia del cielo. Somos testigos de tremendas manifestaciones del Espíritu Santo que satisface los corazones hambrientos. Decenas de miles de almas, convertidas o no, han experimentado cómo los gemidos y quejidos que brotan en respuesta a la obra del Espíritu de Dios llegan hasta lo más profundo de sus corazones. Agradezco tanto que una de las características principales de este mover fresco del Espíritu Santo sean las lágrimas y el quebrantamiento.

Sí, la Palabra de Dios está siendo predicada en un desierto seco y estéril. Las luchas de la vida cotidiana, la montaña aparentemente interminable de suciedad, la falta de liderazgo espiritual en el púlpito y miles de otros problemas han dejado sin fruto los secos corazones de las multitudes.

Pero tus lágrimas caerán en el suelo resquebrajado y duro de los corazones de las personas, preparando el camino para la semilla de vida de su Palabra. La humedad de una lágrima del cielo es una lluvia enviada por Dios a los que son espiritualmente estériles.

D O S

HAMBRUNA EN LA TIERRA

La humanidad está experimentando una hambruna
espiritual extrema...y una humanidad
que muere de hambre devorará
cualquier cosa que le brinde satisfacción personal.

Los adolescentes se acercaron al auto pensando en robar. Dentro del vehículo estaban dos cansados turistas descansando de una larga jornada de viaje. Entonces comenzó la pesadilla.

El joven comenzó a saltar sobre los guardabarros del auto hasta que la pareja se despertó. Quizá al principio los dos pensaron que sólo se trataba de un juego. Pero nadie reía. Confuso y sorprendido, el hombre que conducía encendió el motor. "¿Es esto un mal sueño," se dijo, "o quieren robarnos? ¡Tenemos que salir de aquí!"

Entonces sucedió. Uno de los jóvenes sacó un arma y llenó el vehículo alquilado de balas. Totalmente shockeado, el conductor puso rápidamente reversa para salir. Entonces el juego se volvió mortal. El joven levantó el arma y comenzaron a volar las balas.

Pocos momentos después, todo había terminado. "¡Está muriendo!", gritó la mujer al operador de Emergencias. "¡Por favor, ayúdennos! ¡Mi esposo está muriendo!'

Durante nuestros viajes, trato de visitar zonas que considero de extrema importancia. El pulso de la vida de la gente es lo que estoy buscando. El oficial de este puesto estaba explicando en detalle los eventos de otro asesinato de turistas. Una vez más, el motivo había sido el robo. Y, como en tantos otros, alguien sacó un arma y una persona tuvo que morir.

De acribillar un vehículo a acribillar un cuerpo humano. Después de todo, ¿cuál es la gran diferencia?

Una siesta en la carretera se convirtió en una pesadilla. Otro joven insensible había expresado solamente lo que había visto y oído en tantas otras formas, tantas otras veces. Otro escalofriante episodio en la vida del país. Asesinato... sucede todos los días de todos los meses de todos los años.

El oficial relató varios asesinatos más, todos ocurridos en un período de cinco días. El "modus operandi" era el mismo en todos: seres humanos tratados como perros de la calle. Disparos, cuchilladas, atropellos, sólo por unos cuantos dólares. Muertos o vivos... ¿qué diferencia hay?

Otro oficial me dio algunos consejos más. "Señor, consiga un arma. Llévela a todos lados. Estos chicos tienen municiones vivas. Mátelos antes de que lo maten a usted." Gran consejo. Todos armados.

Hicimos una visita a las calles gastadas del sur de Los Angeles, que nos reveló actitudes similares. Un amigo y yo recorrimos las calles de esos vecindarios justo después de que se produjera un violento alboroto. Cuerpos humanos cortados como si fueran animales. El color de la piel, el auto que conducían, una apariencia equivocada... todas eran razones legítimas para matar.

La gente aún estaba inquieta. Se podía sentir la tensión en el aire. "Hey, hombre, ¿qué estás haciendo aquí?", gritó uno. "¿Estás loco? ¿No sabes que es peligroso tener cara blanca en este vecindario?"

Sí, conocíamos el peligro. Yo sabía que a la vuelta de la esquina habían golpeado al conductor de un camión, que era blanco, casi hasta matarlo. Habíamos pasado miles de edificios quemados. Pero sentíamos más curiosidad por los sentimientos de la gente que temor.

Naturalmente, como todos, yo sabía cuáles eran las razones obvias para el derramamiento de sangre. Las imágenes de video en vivo sólo habían avivado el fuego. Pero el río de veneno corría aquí mucho más profundo de lo que mostraban las noticias. Todos los edificios quemados representaban vidas quemadas. Era zona de guerra, pero, ¿por qué? ¿Por qué tanta violencia?

Nuestra conversación continuó. "Tú no me odias, y yo no te odio", contesté. Pocos minutos después, mi amigo y yo nos vimos totalmente superados en número, pero estábamos en paz. "Cuando saliste del vientre de tu mamá, no venías con el odio a los blancos incorporado. Puedes probarlo, mezclando a los niños en un patio de juegos. Ellos no se fijan en el color. Alguien te enseñó a odiar." Ellos estuvieron de acuerdo.

Nuestra charla terminó con mi explicación de que Jesucristo me había liberado de la violencia y la rebelión. Las calles y la cárcel no me eran extrañas. Estaba de acuerdo con ellos en cuanto las injusticias de la sociedad actual. Ellos tenían razón: la vida no es justa.

"Pero para terminar con toda esta violencia necesitamos un común denominador. Para traer el orden a este caos necesitamos alguien que traiga paz, un mediador. Alguien que comprenda a ambos bandos. Ese hombre es Jesucristo."

Repentinamente, sus vidas vacías estaban recibiendo la verdad. Ellos escucharon con profunda atención y asintieron en señal de aprobación. Cuando nos despedimos dándonos la mano, un hombre de allí me dijo: "La próxima vez que vengas a este barrio, mi casa es tu casa."

La humanidad está experimentando una hambruna espiritual extrema... y una humanidad que muere de hambre devorará cualquier cosa que le brinde satisfacción personal. El hambre por la verdad que existe actualmente produce una violencia y revolución muy graves. Las cobardes obras de las tinieblas se han extendido debido a la ausencia de luz. La fuerza bruta se utiliza para satisfacer anhelos interiores.

¡Es una parodia! Vemos los efectos por todas partes, pero lo que tenemos que confrontar son sus causas. ¿Puede hacerse algo? De ser así, ¿cómo hacerlo? La trágica verdad es que este país ha sembrado vientos y ahora cosecha tempestades. A consecuencia de lo cual vivimos un motín.

Y mientras esta rebelión flagrante se desarrolla, la iglesia sigue dormida en la cabina del capitán. Pero no podemos escondernos para siempre. La conmoción es grave, y no podemos esperar que simplemente se desvanezca. El gobierno no puede legislar esta clase de rebelión. Las escuelas no pueden educar en contra de ella. Ahora mismo está golpeando a nuestra puerta. ¿Por qué no la oímos?

¿Alguna vez notaste que la guerra parece llegar en oleadas? Muchas veces la iglesia se queda dormida frente a la aparente disminución de la actividad del enemigo o frente a una tendencia que barre con todo dentro del cristianismo, sólo para despertarse bruscamente luego, ante un ataque mortal. ¡La iglesia debe responder ahora! Debemos abrir nuestros ojos, mirar las cosas de cerca y confrontar violentamente el poder de las tinieblas.

Poco después de los disturbios en Los Angeles, me encontré en una marcha de gays y lesbianas en Washington, D.C. Para los participantes era una ocasión de victoria. Para mí era un desfile de perpetuo dolor.

La marcha sirvió como indicación de dónde estamos como nación. Cientos de miles de hombres y mujeres homosexuales atestaron el Washington Mall para demandar igualdad de derechos y celebrar su salida de la oscuridad. Las noticias que vimos en los medios no se atrevieron a mostrar la verdad; lo que vimos en nuestros hogares era sólo una sombra. Pero lo que yo vi a todo color sacudiría a la nación.

Desde sadomasoquistas hasta senadores del estado, niños y hombres y mujeres adultos, personas de todas clases participaban activamente. La desnudez era la regla del día. Muchos maldecían a la iglesia establecida mientras mostraban carteles que decían: "Dios es gay."

El SIDA no ha frenado sus infernales ambiciones: un amante más, algunos placeres nuevos. "¡Déjennos en paz!", gritaban. "¡Qué vergüenza, qué vergüenza, qué vergüenza!", repetían.

"¡Qué vergüenza que ustedes nos nieguen nuestra libertad!'

Se han arrastrado fuera de donde estaban escondidos y entraron en las aulas. Hay libros de texto que les siguen la corriente, destinados a desensibilizar a nuestros pequeños: entre estos títulos están: "El compañero de cuarto de papá", y "Heather tiene dos mamás". "Este no es un comportamiento anormal", predican, suavemente. "Sólo es diferente. ¿Y qué, si el compañero de cuarto de papá se acuesta con él? ¿Tienes algún problema con eso?", gritan. Y: "¿No es maravilloso que Heather tenga dos mamás?" Estos libros son sólo el comienzo. Las prensas están listas para lanzar más discursos similares.

La marcha terminó, y la ciudad quedó llena de turistas, en su mayoría homosexuales, venidos de todo el mundo. Me detuve frente a la base del monumento a Lincoln, a los pies del hombre que dio libertad a los cautivos. Abraham Lincoln creía en la oración y el ayuno. Era un hombre que reconoció la depravación del país e hizo un osado llamado a volver a Dios; un hombre que no se avergonzó del Señor Jesucristo; un hombre que llamaría a la homosexualidad por su verdadero nombre: pecado.

Pero a mi alrededor, ese día, había miles de esclavos. No estaban atados por cadenas y grillos de hierro, sino por las cadenas del pecado. Y le agradecían a la estatua de Lincoln por su libertad. ¡Qué atropello!

Mirando hacia arriba, me imaginé lo que diría Lincoln hoy. El era de los que lloran... ¡y sé que sus lágrimas llegarían hasta el pavimento! La angustia de ver a nuestra nación separada de Dios lo entristecería más de lo que puede expresarse con palabras. Me disculpé ante el presidente Lincoln por permitir que nuestro país se desviara tanto y reafirmé mi lealtad a la causa. Me arrepentí por la hambruna espiritual actual, la falta de verdad espiritual. ¿Cuáles fueron mis palabras a Abraham Lincoln? "El evangelio de Jesucristo será predicado una vez más en las calles de este país. Volveremos a orar en las escuelas. ¡Libraremos esta batalla!"

¿Adónde acabará todo? Ahora lo malo es bueno, y lo bueno es malo. Lo que antes nos escandalizaba ahora nos atrae. Estamos siendo atormentados y sacudidos. La falta de un liderazgo piadoso, la confusión de los hogares divididos, la marea alta del mal, todas estas cosas han hecho naufragar nuestra sociedad.

Yo lo llamo dolor perpetuo: algo que nunca cesa. Pero esas no son las únicas causas de dolor. ¿Qué diremos del torrente de desastres naturales?

Los terremotos y los huracanes se mueven sin misericordia dejando devastación, destrucción y muerte a su paso. Hogares de construcción sólida son levantados por el tornado como un castillo de naipes. Las altas torres de los templos caen destrozadas al suelo.

Los diques ceden ante las lluvias torrenciales, y un río pacífico se convierte en una mar de dolor. El trabajo de toda una vida es arrastrado en un instante; los recuerdos de toda una vida quedan sepultados bajo una tumba de agua. El dolor se suma al dolor.

Al mismo tiempo, mientras las calamidades climáticas nos amenazan, el asesinato ronda en las calles. Las paradas de autobuses se convierten en paradas de muerte. Los dueños de los restaurantes observan pasivamente cómo asesinos violentos ventilan sus frustraciones. Un auto, un restaurante de comidas rápidas, un lugar de trabajo son ahora los lugares favoritos para quitarle la vida a alguien. En el parque del barrio, maníacos lascivos acechan a los niños... los secuestran, los sodomizan, los matan. Aun la paz del hogar se ha convertido en un infierno viviente para muchos pequeños. Les advertimos que se cuiden de los extraños afuera, mientras sus propios padres planean matarlos allí dentro.

En todo el mundo hay guerras y rumores de guerras. Miles de hombres, mujeres y niños mueren acuchillados en enfrentamientos tribales. Los ríos y lagos se contaminan con los cadáveres en descomposición que se arrojan en ellos. ¿Qué está sucediendo? Nadie parece comprender el porqué.

La mayoría de los cristianos no entendemos porqué las cosas están como están, pero sí vemos los efectos. Comprendemos porqué el apóstol Pablo nos advirtió sobre los tiempos peligrosos que vendrían. Pocos pueden negar que estamos experimentando el juicio de Dios sobre la tierra. Estamos viendo el resultado natural de "la paga del pecado" (Romanos 6:23): la muerte.

¿No te hace preguntarte todo esto si hay un avivamiento espiritual en alguna parte, si la humanidad está despertándose de su pecado y su sueño? La respuesta es: ¡sí, hay un increíble despertar! Tan desacomodadas han quedado todas las cosas que creíamos firmes, que ahora la gente está buscando seguridad. Las personas buscan un fundamento sólido, algo sobre lo cual puedan basar sus vidas. En todo el continente, en todo el mundo, ¡la búsqueda está en marcha!

Pero, trágicamente, los hambrientos son atrapados por el brillo de sabrosas mentiras. Las sectas atraen a los peregrinos a un ritmo alarmante. Como ovejas para el matadero, ciegamente siguen a sus confundidos mesías. "Enséñame más, guíame hacia la verdad," dicen en sus balidos, mientras siguen a sus amos hacia las llamas de la destrucción.

Los cristianos nos asombramos continuamente al ver estudiantes universitarios, educados y de clase alta, cayendo en las garras de estos "ángeles de luz". Pero como lobos con piel de cordero, estos malos pastores se filtran en nuestras reuniones, hacen presa del rebaño, eligen a su próxima víctima y se van con ella entre los dientes. Y nosotros, los creyentes, nos quedamos con la boca abierta.

¡Se está librando una batalla por las almas de los hombres! El campo de batalla es el suelo del corazón. En muchos casos, ese suelo está seco y resquebrajado, es un desierto yermo. Estas personas están sufriendo una gran hambruna: sufren de hambre de la verdad.

Un pastor que vivió en el desierto, a unos veinte kilómetros de Jerusalén, vio algo que la mayoría de los hombres jamás han podido comprender. Más de 700 años antes del nacimiento de Cristo, este hombre vio claramente lo que está sucediendo en la actualidad:

He aquí vienen días, dice Jehová el Señor, en los cuales enviaré hambre a la tierra, no   hambre de pan, ni sed de agua, sino de oír la palabra de Jehová. E irán errantes de mar a mar; desde el norte hasta el oriente discurrirán buscando palabra de Jehová, y no la hallarán (Amós 8:11, 12).

Amós vio la maldad del pecado. Vio cómo el hombre se tomaba como medida de todas las cosas, dejando a Dios fuera del cuadro. Vio el humanismo. Vio que los sistemas políticos, ya fueran comunistas, democráticos o dictatoriales, estaban condenados al fracaso, debido a una falla fatal: no reconocían la naturaleza egoísta y pecaminosa del hombre. Ignoraban a Dios y glorificaban al hombre.

Amós vio una hambruna. Un hambre producido por Dios y alimentado por el hombre. Vio la desesperación espiritual del mundo. La gente, literalmente, se moriría de hambre.

El nombre científico de la enfermedad que Amós vio es "marasmo": el decaimiento del cuerpo debido a la desnutrición. Esta enfermedad mortal se caracteriza porque a la persona se le hincha el vientre y se debilitan sus miembros.

Amós vio hombres que tropezaban caminando con piernas que parecían alfileres. Vio hombres jóvenes tragando polvo, desplomándose sobre la tierra reseca por falta de agua. Madres acunando a sus hijos carcomidos por la enfermedad... uno recién muerto, la otra a punto de morir.

A medida que la imagen se desarrollaba, la realidad clavó sus garras en el corazón de Amós. ¡Estas personas morían por falta de la verdad! Necesitaban desesperadamente la Palabra del Señor, y no podían encontrarla en ninguna parte.

La hambruna, por definición, es "una escasez prolongada y extrema de comida". Es tan grave que produce la muerte en forma masiva, y no se encuentra la ayuda necesaria. Estudiemos un poco las causas y los efectos de la hambruna física. Luego haremos el paralelismo con la espiritual.

La sequía, (prolongada ausencia de lluvias) ha producido hambrunas extensas en todo el mundo. La gran hambruna de Egipto, del año 1064 al 1072 a. de J.C., se debió a la falta de lluvia. No pudieron levantarse las cosechas y las tierras de pastoreo quedaron desiertas. Las atrocidades que ocurrieron durante esta hambruna son difíciles de creer. El hambre era tal que la historia registra los hechos de bárbaros subidos a los techos de las casas, armados de cuerdas y anzuelos, esperando su presa. Cuando alguien pasaba por la calle, arrojaban la cuerda, enganchaban con el anzuelo a la víctima, y la subían al techo. Allí la asaban y la comían como si fuera un animal.

En la década de 1870, más de cinco millones de personas murieron en la India, debido a la falta de agua. Durante ese mismo período murieron más de nueve millones de personas en China, por la hambruna producida por la sequía.

Los Estados Unidos también han experimentado severas sequías. La mayoría de la gente recuerda que en la década de 1980, los estados del oeste medio, las Grandes Planicies y algunas partes del sudeste sufrieron grandes devastaciones debidas a la falta de lluvias. Las cosechas de granos fueron gravemente perjudicadas. ¡Y los incendios! La condición de sequía preparaba el terreno para el desastre inminente. "¡Está fuera de control!", exclamaban los cansados bomberos mientras las ráfagas de fuego incineraban todo lo que se cruzaba en su camino.

Todos sabemos que desde la década del '60, millones de africanos han muerto de desnutrición producida por sequías. Hemos visto las fotografías: niños desnutridos arrastrándose por la tierra resquebrajada y partida por el sol; jóvenes y viejos, sin fuerzas, incapaces siquiera de espantar las moscas que zumban a su alrededor, esperando morir. El marasmo dejó vacías sus aldeas y sus pueblos. Y la mortandad continúa hoy en día.

Espiritualmente hablando, hemos experimentado un quebranto similar, una sequía espiritual. El pecado ha secado los corazones de las masas. Nos ha extraído la vida. Nuestra falta de agua limpia espiritual está directamente relacionada con las muertes y la destrucción que vivimos en el mundo de hoy, como la creciente intensidad de la violencia entre los jóvenes. Consumiéndose en el desierto, beben de cualquier pozo que tenga agua, y el resultado es, muchas veces, fatal. El agua envenenada envenena las vidas.

Y los incendios abundan. Los vientos de las tinieblas soplan sobre sus vidas secas y resquebrajadas, atizando las llamas hasta crear un infierno feroz. En busca de algo que los satisfaga, los jóvenes ceden al calor de la presión de sus pares. El desastre se extiende mientras el fuego cobra otra preciosa vida.

La ciencia nos dice que una persona puede vivir solamente tres días sin agua. Si se queda inmóvil, puede soportar hasta aproximadamente doce días. El hecho es que sin agua estamos condenados, tanto en lo físico como en lo espiritual.

La Biblia tiene la respuesta para esta hambruna. Jesús dijo: "...el que en mí cree, no tendrá sed jamás" (Juan 6:35). También dijo: "...el agua que yo le daré será en él una fuente de agua que salte para vida eterna" (Juan 4:14).

La sequía espiritual actual es obvia. Las almas sedientas están constantemente buscando agua limpia y pura, la que apaga la sed y no maldice. Agua que fluya de vasos limpios, no de recipientes contaminados. ¿Cuántos nuevos cristianos se han marchitado y han muerto luego de beber agua corrompida de cañerías viejas y oxidadas? Predicadores y maestros de corazón sucio escupen mensajes amarillentos, teñidos, que dejan residuos amargos en los corazones de los creyentes recién nacidos. Ellos, ellos solos, han contaminado la corriente de la verdad. Debemos hacer caso de la advertencia de Charles Mackintosh: "El agua pura debe poder fluir del corazón de Dios al corazón del pecador, sin incorporar elementos contaminantes del canal por el cual fluye."

Otra causa de graves hambrunas son las lluvias excesivas que producen inundaciones. Los ríos que desbordan por los aguaceros inundan y destruyen las tierras cultivadas. Otras cosechas se pudren por el exceso de agua. En el siglo catorce, varios años de lluvias excesivas produjeron una hambruna generalizada en Europa Occidental. En 1929, más de dos millones de personas murieron en China, debido a las inundaciones. El exceso de lluvias produjo la caída masiva de las cosechas.

¿Los resultados? Gatos, perros, roedores e insectos eran comidos sin remordimientos. En Egipto, el desborde del río Nilo, aunque sea no más de un par de metros, puede destruir la provisión de comida para todo el país. Aproximadamente en el año 1199, la hambruna causó tragedias increíbles. La carne humana se convirtió en una fuente de alimento muy común. Los padres se comían a sus hijos. Se compartían recetas con distintas formas de preparar la carne. Durante el pico de esta hambruna, la gente llegó a comer a aquellos que habían muerto de desnutrición.

Durante la gran hambruna en Rusia, en este siglo, las personas que se estaban muriendo de hambre recurrieron a los excrementos de animales. Cuando encontraban granos enteros, sin digerir, se regocijaban.

Ahora bien, ¿qué de la iglesia? Hemos tenido, sin dudas, demasiadas lluvias, no rocío del cielo, sino lluvia ácida, la que contamina cada corazón que toca. Estamos siendo inundados por hombres y mujeres sin Dios que predican mensajes desvirtuados a personas que se dejan engañar fácilmente. Los falsos profetas y maestros han descubierto un mercado en crecimiento constante. La gente tiene hambre de algo en qué creer. Se muere de hambre. Lo que quieren es la verdad, pero lo que obtienen es basura.

La Biblia presenta relatos similares de varias hambrunas y de sus consecuencias. El libro de 2 Reyes 6 relata una hambruna ocurrida en Samaria durante la cual una mujer mató al hijo de otra y lo comió. En Génesis 25, Esaú vende su derecho a la primogenitura a Jacob porque está hambriento. Cuando la gente se muere de hambre, hace cosas que normalmente ni siquiera se le pasarían por la cabeza.

De la misma manera, hoy, en un sentido espiritual, hay multitud de personas que acaban comiendo roedores e insectos. Debido a la falta de santidad en el púlpito, muchos cristianos han recurrido a una comida dura, difícil de digerir, que nutre poco o nada. Las enfermedades espirituales se extienden. La comida contaminada ha producido una disentería generalizada en el cuerpo de la iglesia. Creyentes que alguna vez temieron a Dios ahora están discapacitados y postrados en cama debido a la desnutrición.

El hambre por la verdad ha golpeado duramente a nuestro país. Las personas recurren a cualquier cosa para alimentarse. Como un tremendo aguacero, las sectas que sirven a la muerte nos inundan sin cesar. Como buitres, revolotean sobre los que están desnutridos espiritualmente. Estos grupos crecen, en parte, debido a la falta de un liderazgo fuerte y puesto por Dios en nuestras iglesias. Un buen amigo mío pasó tres años buscando la verdad en una secta de la universidad antes de llegar a la conclusión de que todo lo que enseñaban eran herejías. Otra mujer, graduada de un instituto bíblico, buscando una verdad más profunda, se mezcló con un grupo de engañadores disidentes que le lavaron el cerebro en una forma increíble. Nosotros llorábamos por su retorno. Nos llevó meses convencerla de los fatales errores de la secta. En mi trabajo misionero, me parte el corazón ver cómo las personas espiritualmente carenciadas se entregan a las falsas enseñanzas. Las masas hambrientas espiritualmente se aferran a cualquier cosa que puedan comer.

La lista de causas de la hambruna continúa. Los insectos devoradores han jugado un rol principal en hambrunas terriblemente destructivas. La langosta es un insecto migratorio que ha causado daños inexpresables a los cultivos, produciendo hambrunas extensas. Joel habla de cuatro formas de devastación de la cosecha: la oruga, el saltón, el revoltón y la langosta. Cada uno comienza donde el otro termina. El resultado es la destrucción total.

Más de un predicador ha utilizado esta analogía del libro de Joel para explicar las consecuencias del pecado habitual, que devora nuestras vidas, y el resultado final es hambre. La corrupción espiritual nos deja devastados.

El rey Salomón habla de las zorras pequeñas que destruyen la viña. Cortan y mastican los brotes tiernos. Tragan las uvas, mastican, y el próximo paso es la muerte de la viña. El resultado es hambre.

Los ejércitos han provocado deliberadamente hambrunas para obligar a que sus enemigos se rindan por el hambre. Destruyen las comidas almacenadas y los cultivos, y establecen un sitio para cortar la provisión de alimentos al enemigo.

¿Alguna vez escuchaste hablar de un embargo de granos espiritual? Satanás y su banda de malvivientes preparan bloqueos en los corazones y las mentes de la gente que tiene hambre espiritual. Levantan bloques de amargura, odio, dudas, temores, todo lo que detenga el fluir del alimento.

La falta de transporte también ha sido un factor importante en las hambrunas que han matado a millones de personas. Muchas veces el problema no es la falta de comida sino los plazos de entrega. La comida tan necesaria nunca llega a tiempo.

La iglesia también es culpable de esto. Nuestro depósito está lleno: rebosamos de bendiciones. Pero somos como camiones cargados de comida que no tienen nadie que los conduzca. Mientras el grano se pudre, nos pasamos el tiempo peleándonos para definir quién conducirá, o de quién será el nombre que se pintará a los lados del camión, quién se llevará el crédito de la ayuda. Luchamos y discutimos en cuanto a si realmente ellos quieren nuestra ayuda. Razonamos: "Si tienen tanto hambre, ¿por qué no vienen a pedirnos? Debemos levantar un cartel anunciándolo." ¡Mal transporte! Finalmente, trenes arrastrados por mulas llevan la comida, mientras nosotros adoramos en palacios de oro. ¿Cuál es la respuesta? ¿Qué podemos hacer?

Primero debemos buscar la presencia del Señor como lo hizo David: "Hubo hambre en los días de David por tres años consecutivos. Y David consultó a Jehová" (2 Samuel 21:1). Recuerda, la Palabra de Dios declara en forma directa que Dios es quien envía la hambruna (Amós 8:11). ¿No deberíamos ir a la fuente en lugar de preocuparnos por cosas secundarias? Aquel que envió la hambruna nos dirá qué hacer en esa situación. Nos hará recordar sus muchas promesas: "Temed a Jehová, vosotros sus santos, pues nada falta a los que le temen. Los leoncillos necesitan, y tienen hambre; pero los que buscan a Jehová no tendrán falta de ningún bien" (Salmo 34:9, 10). "He aquí el ojo de Jehová sobre los que le temen, sobre los que esperan en su misericordia, para librar sus almas de la muerte, y para darles vida en tiempo de hambre" (Salmo 33:18, 19). "Los afligidos y menesterosos buscan las aguas, y no las hay; seca está de sed su lengua; yo Jehová los oiré, yo el Dios de Israel no los desampararé" (Isaías 41:17).

Segundo, debemos orar la oración de Salomón:

Si el cielo se cerrare y no lloviere, por haber ellos pecado contra ti, y te rogaren en este lugar y confesaren tu nombre, y se volvieren del pecado, cuando los afligieres, tú oirás en los cielos, y perdonarás el pecado de tus siervos y de tu pueblo Israel, enseñándoles el buen camino en que anden; y darás lluvias sobre tu tierra, la cual diste a tu pueblo por heredad. Si en la tierra hubiere hambre, pestilencia, tizoncillo, añublo, langosta o pulgón; si sus enemigos los sitiaren en la tierra en donde habiten; cualquier plaga o enfermedad que sea; toda oración y toda súplica que hiciere cualquier hombre, o todo tu pueblo Israel, cuando cualquiera sintiere la plaga en su corazón, y extendiere sus manos a esta casa, tú oirás en los cielos, en el lugar de tu morada, y perdonarás, y actuarás, y darás a cada uno conforme a sus caminos, cuyo corazón tú conoces (porque sólo tú conoces el corazón de todos los hijos de los hombres); para que te teman todos los días que vivan sobre la faz de la tierra que tú diste a nuestros padres (1 Reyes 8:35-40).

Nuestra primera y más importante acción debería ser purificar nuestros corazones. Necesitamos una limpieza, una purificación. ¿Cómo podemos ofrecer alimento a un mundo muerto de hambre si las manos que los sirven están sucias?

Como los antiguos samaritanos, la iglesia de hoy se ha vuelto caníbal. Nos comemos entre nosotros mismos, masticándonos a causa de nuestros problemas internos y nuestras diferencias doctrinales. Jesús lo dijo bien: "¿Y por qué miras la paja que está en el ojo de tu hermano, y no echas de ver la viga que está en tu propio ojo?" (Mateo 7:3). ¡Denunciemos a gritos la viga, no nos quejemos de la paja!

Hace poco recibí un llamado del editor de un diario preguntándome sobre las barreras denominacionales. Mi contestación fue: "La gente se muere frente a nuestras puertas, mientras nosotros discutimos si debemos sumergirlos o rociarlos. La gente se muere de hambre por la verdad, pero sus gritos son apagados por nuestros constantes murmuraciones."

En muchos casos, las iglesias que esto hacen han sido reducidas a escombros. Las que alguna vez fueron congregaciones florecientes ahora sólo cuentan con huesos secos. "Pero si os mordéis y os coméis unos a otros, mirad que también no os consumáis unos a otros" (Gálatas 5:15).

Tercero, debemos predicar la Palabra, la Verdad, que es Cristo. Jesús dijo: "Yo soy el pan de vida; el que a mí viene, nunca tendrá hambre; y el que en mí cree, no tendrá sed jamás" (Juan

6:35). Nada satisface más el corazón de un inconverso que la pura Palabra de Dios. Pero sigue esta advertencia: cuando alimentes a un hambriento, no te excedas. Una persona que está muriendo de hambre espiritual no puede tragar grandes trozos de carne, sólo tiernos bocados muy bien preparados. Uno no le da un bistec entero a un hombre hambriento para que lo trague de una vez; en cambio, lo alimenta a cucharadas hasta que recobra la salud. Y cuando lo hagas, agrégale a ese alimento la sal de tus lágrimas.

Los que tienen sed espiritual necesitan agua. Agua pura, no con gas. A los hambrientos les hemos servido de todo, desde gin y tonic hasta gaseosas. Las masas están, o ebrias, o desnutridas. Siempre vuelven a buscar más, sin quedar jamás satisfechas, porque lo que reciben no es agua viva, no es la verdad. "Estas siempre están aprendiendo, y nunca pueden llegar al conocimiento de la verdad" (2 Timoteo 3:7). Los ríos cristalinos del agua de vida sólo fluyen del manantial puro del corazón.

Que tus lágrimas sean una fuente de alimento. Déjalas caer sobre el suelo estéril. Una lágrima que brota de los ojos de un hombre de Dios puede humedecer el suelo del corazón de un pecador.

Jacob envió a sus hijos a Egipto en busca de alimento, y Dios les preparó el camino. "Y de toda la tierra venían a Egipto para comprar de José, porque por toda la tierra había crecido el hambre" (Génesis 41:57). Hoy, las multitudes van tambaleando de un lugar a otro, buscando tan sólo un bocado de alimento espiritual. Y Dios, una vez más, les prepara el camino. Bajo la inteligente dirección de José, hubo en abundancia. Y hoy, bajo el liderazgo de Jesucristo, hay pan y agua para satisfacer al corazón anhelante.

Preguntémonos honestamente: ¿Por qué están muriendo de hambre, cuando podrían gozar de un banquete? ¿Por qué están secos, cuando podrían beber en abundancia?

T R E S

EL DOLOR
DEL SEÑOR

¿Quién se lamenta junto con Dios
por la muerte de sus hijos?
¿Qué es lo que le causa pesar, y
cómo podemos convertir su lamento en baile?

Durante treinta y tres años, Joseph Parker fue pastor del Templo de la Ciudad, en Londres, durante el siglo XIX. En cierta ocasión, Parker manifestó: "Todos los sermones que he predicado en mi vida pueden reducirse a unas pocas páginas de material escrito. En realidad, el predicador no tiene nada que decir, excepto que Dios desea que el hombre retorne a él. Y que los hombres que han vuelto a él sean fortalecidos y crezcan en toda justicia."

Debe ser por esta razón que el profeta Miqueas dijo: "Oh hombre, él te ha declarado lo que es bueno, y qué pide Jehová de ti: solamente hacer justicia, y amar misericordia, y humillarte ante tu Dios" (Miqueas 6:8) Salomón llegó a una conclusión similar: "El fin de todo discurso oído es este: Teme a Dios, y guarda sus mandamientos; porque esto es el todo del hombre. Porque Dios traerá toda obra a juicio, juntamente con toda cosa encubierta, sea buena o sea mala" (Eclesiastés 12:13, 14).

Y naturalmente, Jesús resumió toda la ley y los profetas al afirmar: "Amarás al Señor tu Dios con todo tu corazón, y con toda tu alma, y con toda tu mente. Este es el primero y grande mandamiento. Y el segundo es semejante: Amarás a tu prójimo como a ti mismo. De estos dos mandamientos depende toda la ley y los profetas" (Mateo 22:37-40).

A lo largo de este libro descubrirás un hilo común. Lo que estamos aprendiendo ha sido aprendido por quienes han andado antes que nosotros, y será aprendido por quienes nos seguirán. En otras palabras, la enseñanza es eterna porque su verdad es para siempre.

El problema surge cuando nos han enseñado una y otra vez pero nunca vivimos la enseñanza. ¿Cuándo echará raíces todo este aprendizaje para crecer y llevar fruto? ¿Cuándo comenzará a vivir la Palabra en nuestras vidas? ¿Cuándo se convertirá esta enseñanza en algo habitual para nosotros? Parece como si siempre estuviéramos aprendiendo, y nunca podemos llegar al conocimiento de la verdad (ver 2 Timoteo 3:7). Se dice que para adquirir un nuevo hábito debemos repetir esa función en particular al menos veinte veces consecutivas. Por ejemplo, si deseas comenzar a levantarte más temprano, debes poner la alarma del reloj a la hora deseada, levantarte cuando ésta suena y comenzar así tu día, al menos veinte veces, antes de que tu cuerpo y tu mente se ajusten a este nuevo ritmo.

Esta verdad fue expresada claramente por Tomás de Kempis hace más de quinientos años, cuando dijo: "Un hábito vence a otro hábito."[1] Lamentablemente, muy pocos de nosotros estamos dispuestos a pagar esa clase de precio para cambiar algunas de las prácticas que nos gobiernan.

Si esto es cierto en el ambiente físico, ¿cuánto más debe el hombre espiritual sumergirse en una enseñanza una y otra vez hasta que la verdad se haga carne en él? Debe ser por eso que Jesús, después de pasar incontables horas enseñándoles a sus discípulos, ventiló su frustración diciendo: "¡Oh generación incrédula y perversa! ¿Hasta cuándo he de estar con vosotros? ¿Hasta cuándo os he de soportar?" (Mateo 17:17). ¿Cuándo comenzarían a aprender de verdad? ¿Cuándo vivirían en sus vidas públicas lo que aprendían en las prolongadas horas de enseñanza privada que les brindaba su Maestro?

Estoy convencido de que muchos de nosotros nos estamos acercando al punto sin retorno. Debe producirse un cambio radical en nuestras vidas, o estaremos destinados a la muerte espiritual. En este mismo instante hay millones de personas en esa situación. Hemos oído pero no escuchamos. Nos han enseñado una y otra vez el valor eterno de la oración y el ayuno, pero seguimos sin cambiar. Hemos asistido a millones de seminarios sobre evangelización, que hablan del amor y la misericordia de Dios, pero no estamos ganando a otros. Conocemos la efectividad de la oración, pero nos volvemos a ella como último recurso. Sabemos que la Palabra de Dios tiene la respuesta para cada circunstancia y necesidad en nuestras vidas, pero seguimos confiando en el hombre y en nosotros mismos.

Nuestro Padre celestial ha intentado una y otra vez instruirnos en el camino que debemos seguir. Escucha cómo lo explica el autor de Proverbios:

Oíd, hijos, la enseñanza de un padre,
Y estad atentos, para que conozcáis cordura.
Porque os doy buena enseñanza;
No desamparéis mi ley.
Porque yo también fui hijo de mi padre,
Delicado y único delante de mi madre.
Y él me enseñaba, y me decía:
Retenga tu corazón mis razones,
Guarda mis mandamientos, y vivirás. (Proverbios 4:1-4)

A lo largo de toda la Palabra, nuestro Padre celestial nos instruye pacientemente. El autor de Proverbios explica también que "El hijo necio es pesadumbre de su padre; y amargura a la que lo dio a luz" (Proverbios 17:25). La dura realidad de esta necedad se refleja claramente en otro versículo que parte el corazón: "El hombre que se aparta del camino de la sabiduría vendrá a parar en la compañía de los muertos" (Proverbios 21:16). Esto debería ser recibido como un cachetazo en la cara del santo que se aparta. Amigo, debemos detener ese vagabundeo continuo.

Confío en que estos pasajes nos lleven sanos y salvos al

puerto del entendimiento. Tenemos una responsabilidad para con Dios, que ya no podemos dejar a un costado. Nuestra relación con él no puede ser de un solo lado. Hemos leído acerca del corazón de padre de Dios, y cuánto anhela el Señor la comunión con nosotros, pero aparentemente no encontramos el tiempo para él. Le brindamos mayores honores a nuestro propio hogar que al cielo. Hemos dominado el arte del reciclaje y hemos fallado en la regeneración. Dedicamos más energía a los deportes que al Espíritu; más atención a nuestros dones que a Aquel que nos los dio; más tiempo a nuestros talentos que al Maestro. No creo que pueda haber un solo lector que no esté de acuerdo en esto: ¡es hora de que todos los creyentes nos aferremos a Dios!

Una parte en especial de la Biblia, en el Antiguo Testamento, ha tenido un profundo efecto en mi vida. La mayoría de nosotros la hemos leído muchas veces, prestando poca atención a su profundidad. Este pasaje se refiere a los intensos sentimientos de Dios con respecto a este momento actual.

Estamos todos tan preocupados por nosotros mismos... pero, ¿alguna vez nos preguntamos qué es lo que está sintiendo el Señor? ¿Alguna vez nos detuvimos a escuchar sus gemidos? ¿Hemos pasado un tiempo escuchando el llanto de su corazón?

Ahora mismo quiero pedirte que hagas algo. Quiero que leas el resto de este capítulo como si el mismo Señor estuviera sentado a tu lado, rodeándote con su brazo. Ahora detente un momento y considera este pasaje:

Y vio Jehová que la maldad de los hombres era mucha en la tierra, y que todo designio de los pensamientos del corazón de ellos era de continuo solamente el mal. Y se arrepintió Jehová de haber hecho hombre en la tierra, y le dolió en su corazón (Génesis 6:5, 6).

Así lo expresa la Versión Reina Valera 1960. La Biblia de las Américas lo dice así: "Y el Señor vio que era mucha la maldad de los hombres en la tierra, y que toda intención de los pensamientos de su corazón era sólo hacer siempre el mal. Y le pesó al Señor haber hecho al hombre en la tierra, y sintió tristeza en su corazón."

Este pasaje está relacionado directamente con uno del

Nuevo Testamento: "Mas como en los días de Noé, así será la venida del Hijo del hombre" (Mateo 24:37). Toda nuestra predicación y nuestra enseñanza relativa a este pasaje se refiere a la maldad de nuestros tiempos y a la repentina venida del Señor. Pero... ¿qué de Aquel que es Señor sobre todo? ¿Qué de Aquel que estaba deteniendo las aguas? ¿Qué estaba (y está) sintiendo él?

Sabemos lo malo que se había vuelto el hombre, y lo malo que sigue siendo; pero ¿qué de aquel que lo colocó aquí? Todos se apartaron como ovejas, pero ¿qué del Pastor? Toda la creación gemía y suspiraba, pero ¿qué sentía el Creador?

Muchos recuerdan el clásico coro "El tiene todo el mundo en sus manos". Bien, si creemos que es así, ¿qué creemos que hará con él?

Cantamos esta melodía con gozo en el corazón, reclamando su increíble protección. Pero, ¿nos escucha Dios con el mismo gozo rebosante? ¡Mira lo que hizo en los días de Noé, cuando tenía todo el mundo en sus manos!

He escuchado a muchos padres decirles, bromeando, a sus hijos desobedientes: "Yo te he traído a este mundo, y puedo sacarte de él." Bien, Dios trajo al hombre a este mundo, y puede sacarlo de él en cualquier momento. ¿Pero qué fue lo que lo hizo esperar durante los días de Noé, y qué es lo que lo hace esperar ahora?

En el tiempo de Noé, el hombre había destrozado el corazón de Dios a tal punto que Dios estaba profundamente contristado. El hombre se había vuelto rico en comodidades, pero muy pobre en carácter divino. El hombre había muerto espiritualmente, y a Dios le dolía el corazón por ello. Muchos de los grandes teólogos sostienen que la emoción de la que se habla en el versículo 6 era la forma más profunda de dolor. La palabra utilizada en el original es nacham, que significa: "respirar pesadamente; consolarse en tiempo de profundo pesar". El dolor de Dios era tan profundo que se implica aquí que le costaba respirar. Estaba lamentándose por la muerte espiritual y la eterna separación del hombre, su amigo, su creación.

Hace más de un siglo, Francis Parkman escribió: "Cuando un amigo nos es quitado, sentimos que para nosotros, prácticamente, ha muerto. Hay un lugar vacío en nuestro corazón, que no sabemos cómo llenar. Miramos a nuestro alrededor, pero no logramos distinguir nada capaz o digno de ocupar ese sagrado lugar. Todo lo humano y terrenal se nos antoja inadecuado, desproporcionado e inferior."[2]

A lo largo de los siglos, el hombre ha manejado el profundo pesar como mejor sabía. Los hebreos tenían sus propias costumbres para tratar con esta emoción. Durante los tiempos de duelo, proclamaban ayuno, vestían cilicio, y muchas veces los sufrientes se echaban en el suelo. Durante violentos ataques de dolor, en una expresión pública de su lamento, echaban las manos por sobre su cabeza o se golpeaban el pecho. Los que deseaban expresar al máximo su dolor muchas veces se mesaban la barba y los cabellos.[3]

Muchas veces el luto duraba varios días. Era común que las personas de dinero contrataran a las "lloronas", mujeres profesionales que se dedicaban a emitir prolongados y agudos quejidos en la casa y junto a la tumba durante los días de duelo. Muchas de estas costumbres continúan en vigencia en varios países en la actualidad.[4]

¿Cómo maneja Dios el pesar y la tristeza? El hombre había muerto espiritualmente, y el Dador de la vida estaba lamentándose por su partida. ¿Quién se lamenta junto con Dios por la muerte de sus hijos?

Dios había probado la dulce comunión con su creación. El atesoraba la compañía de hombres como Enoc: "Caminó, pues, Enoc con Dios, y desapareció, porque le llevó Dios" (Génesis 5:24). Pero Dios maldijo la corrupción de hombres como Caín. "¿Qué has hecho? La voz de la sangre de tu hermano clama a mí desde la tierra. Ahora, pues, maldito seas tú de la tierra, que abrió su boca para recibir de tu mano la sangre de tu hermano" (Génesis 4:10,11).

Tan grande era el dolor del Señor, que no había consuelo para él. Todas las bestias del campo y las aves de los cielos no podían calmar el dolor de perder a su amado amigo.

A medida que el hombre comenzó a multiplicarse sobre la faz de la tierra, también se multiplicó su maldad. En los días de Noé, había que hacer algo. Dios dijo: "No contenderá mi espíritu con el hombre para siempre" (Génesis 6:3). En realidad, en la actualidad también hay que hacer algo. Para cada acción hay una reacción. Thomas Adams, un piadoso predicador inglés del siglo XVII, pronunció estas inteligentes palabras: "Lo que el hombre escupe al cielo, cae encima de su propia cara."[5] Los salivazos de los hombres en la tierra habían creado una tormenta en el cielo.

Te desafío a que pases un tiempo tratando de comprender esta forma de tristeza. Una forma de hacerlo es ir a hacerle algunas preguntas al dueño de alguna compañía funeraria. Pídele que te relate el dolor más profundo que haya visto. Quizá te cuente de una joven madre que perdió repentinamente a su hijito en un accidente. Esta mujer estuvo en estado de shock durante horas. El dolor más profundo conocido por la humanidad se abatió sobre ella como un maremoto. Se aferró al ataúd, mirando fijamente el pequeño cadáver, para luego depositar un beso sobre la mejilla fría y sin vida de su hijo, empapando su rostro con lágrimas.

Su dolor estaba más allá de las palabras. Ninguna consolación humana podía alcanzarla. En algunos momentos, sus gritos de agonía llenaban la sala. Se retorcía, gimiendo y llorando, a veces hasta perder el aliento. Era un dolor muy profundo; la tristeza, abrumadora. Y sus gritos de dolor afectaban a los demás de tal forma que también ellos comenzaban a compartir su pesar.

Quizá ahora estemos comenzando a comprender el dolor que Dios experimentó (y experimenta ahora) por la pérdida de sus amados hijos. El está partido en dos. Su corazón está destrozado. Aquellos mismos que fueron creados para darle gozo le están causando una profunda tristeza.

Recuerda que invitaste al Señor a sentarse a nuestro lado mientras lees. Ahora haz una breve pausa. Mira a Jesús en los ojos. Dime, ¿está llorando hoy, como lloró por Jerusalén?

Pon tu brazo alrededor de sus hombros. Consuela al Rey. Sírvele como lo harías con alguien profundamente afectado por un dolor humano. Algunas veces, lo mejor que podemos hacer es simplemente sentarnos a su lado en silencio; estar allí, dispuestos y esperando la ocasión de servirle en su necesidad.

Ahora hagamos algo poco convencional. Hagámoslo aún más personal avanzando un paso más, poniendo nuestro nombre en este texto. Quedaría algo como esto:

"Y vio Jehová que la maldad de Esteban era mucha en la tierra, y que todo designio de los pensamientos del corazón de Esteban era de continuo solamente el mal. Y se arrepintió Jehová de haber hecho a Esteban en la tierra, y le dolió en su corazón."

La Palabra continúa: "Raeré de sobre la faz de la tierra a Esteban, que he creado, desde el hombre hasta la bestia, y hasta el reptil y las aves del cielo; pues me arrepiento de haberlos hecho" (v. 7).

Amigo, aquí deberíamos comenzar todos. Como cristianos, nunca deberíamos presumir que todo está bien. Como le dijera el apóstol Pablo a la iglesia de Corinto, debemos examinarnos continuamente para saber si estamos en la fe (2 Corintios 13:5). Formúlate las siguientes preguntas:

* ¿Es posible que esté siendo desobediente al Señor?

* ¿Podría existir algo en mi vida que entristezca al Señor?

* ¿Son mis acciones agradables para Dios, o estoy causándole dolor?

* ¿Se complace Dios por haberme traído a este mundo, o mi vida hace que le duela el corazón?

* ¿Hay más de él para mí además de la experiencia inicial de la salvación? ¿Espera Dios algo de mi parte?

Ahora, sólo por unos momentos, deja tu posición al lado del Señor y póstrate delante de él. Baña sus pies con tus lágrimas. Unete a los discípulos en su respuesta a la afirmación del Señor: "...uno de vosotros me va a entregar". "¿Soy yo, Señor?" clamaban ellos. "Seguramente no soy yo, Maestro", "Señor, ¿es posible que yo esté causándote dolor y tristeza?"

Reconoce la distancia que te separa del Señor. Y comienza a cerrar el abismo con tus lágrimas.

Caen, caen, suaves lágrimas,

Y bañan aquellos benditos pies,
Que trajeron del cielo
Las buenas nuevas y el Príncipe de paz.
No cesen, húmedos ojos,
Sus bondades de adorar;
De llorar por perdón
que el pecado nunca cesará.

En tus profundas corrientes
Echo mis culpas y miedos;
No dejo que sus ojos
Vean mi pecado,
Sino a través de mis lágrimas.[6]

"Hay una tristeza santa," sostenía el predicador escocés del siglo dieciséis John Welch, "que lleva a un hombre a la vida. Esta tristeza es producida en el hombre por el Espíritu de Dios, y en el corazón de los piadosos, que gimen por su pecado, porque ha desagradado a Dios, tan dulce y amado Padre para ellos."

COMO CONTRISTAMOS AL SEÑOR

El resto de este capítulo se referirá a algunas de las actitudes que contristan a nuestro Señor. De ninguna manera pretendemos cubrir todo lo que lo entristece. Una lista detallada y exhaustiva sería material para otro libro completo. Pero tocaremos algunas actitudes que se destacan en la Palabra de Dios.

Al final, nos regocijaremos sobre uno de los pasajes más prometedores de la Palabra de Dios: "Pero Noé halló gracia ante los ojos de Jehová" (Génesis 6:8). Estas dos palabras: "Pero Noé", son como dos luces de neón que brillan en la oscuridad. Nos hablan de esperanza para todos aquellos que nos hemos apartado del camino del entendimiento. Son palabras de resurrección para los muertos.

Concluiremos colocando nuestro nombre en lugar del de Noé. "Pero Esteban halló gracia ante los ojos de Jehová." Examinaremos tres características de Noé y trataremos de incorporarlas en nuestras vidas. Pero antes de hacerlo, debemos ver varias actitudes que contristan al Señor:

1. LO CONTRISTAMOS CUANDO NO CONOCEMOS SUS CAMINOS Y RESTAMOS IMPORTANCIA A SU GRAN OBRA DE EXPIACION.

Los hijos de Israel contristaron a Dios en el desierto. "Cuarenta años estuve disgustado con la nación, y dije: Pueblo es que divaga de corazón, y no han conocido mis caminos" (Salmo 95:10) El había provisto para todas sus necesidades, pero no era suficiente a sus ojos. ¡Siempre querían más!

Ahora, miles de años después, seguimos disgustando y contristando al Señor al no conocer sus caminos. ¡Una vez más él ha provisto para todas nuestras necesidades, pero seguimos sin reconocerlo!

Expiación significa enmendar algo: significa unir a aquellos que estaban separados. Esta es la obra del Cordero sacrificial de Dios. El dio lo mejor que tenía para que nosotros tuviéramos vida. Y su obra es completa. El grito de Jesús: "Consumado es", fue una declaración que todo lo incluía, que comprendía todo lo que debía hacerse para el perdón del ser humano. "He aquí el Cordero de Dios, que quita el pecado del mundo" (Juan 1:29). Jesús es el camino. No necesitamos agregarle ni quitarle nada. Hacerlo es contristarlo. Lo único que necesitamos es conocerlo.

Dios descendió hacia el hombre. El tomó sobre sí mismo cada dolor, cada milla en el desierto, cada tristeza, cada rechazo. El proveyó para todo. "El sufrió violento dolor en el huerto y sobre la cruz; inefable fue la pena que sufrió, olvidado de su Padre, abandonado por sus discípulos, sufriendo afrentas y reproches de sus enemigos, bajo la maldición, por nosotros" (Timothy Rogers, inglés, 1660-1729).[7]

Todo lo malo que nosotros pudiéramos vivir durante toda nuestra vida, Jesús lo sufrió en unos pocos años. "Porque no tenemos un sumo sacerdote que no pueda compadecerse de nuestras debilidades, sino uno que fue tentado en todo según nuestra semejanza, pero sin pecado" (Hebreos 4:15).

Pero Jesús sufrió en este desierto terrenal sin quejarse y sin emitir un solo murmullo. Escucha las palabras de Joseph Hall:

¿Qué es esto que veo? Mi salvador en agonía, y un ángel que le fortalece. ¡Oh maravillosa dispensación del Todopoderoso! ¡Que el eterno Hijo de Dios, quien prometió enviar el Consolador a sus seguidores, necesite él mismo de consuelo! ¡Que Aquel de quien la voz del cielo dijera: "Este es mi Hijo amado, en quien tengo complacencia", deba ahora luchar con la ira de su Padre hasta llegar a la sangre! ¡Que el Señor de la vida deba, en medio del horror que lo consume, decir: "Mi alma está muy triste, hasta la muerte"! (Mateo 26:38). Estos, oh Salvador, son los castigos de nuestra paz; los que tanto tú debiste sufrir como tu Padre infligir. El más leve toque de alguno de esos punzantes dolores hubiera sido no menos que un infierno para mí.[8]

¿Cómo podemos despreciar una salvación tan grande? ¿Cómo desestimar tal sufrimiento? Su obra de redención es completa. ¡Debemos predicar la expiación total!

Mis pensamientos vuelven a una increíble campaña evangelística en la que se había reunido una gran cantidad de jóvenes inconversos. Yo estaba ya bien avanzado en mi mensaje cuando el Señor me lanzó de repente una revelación divina. Hacía veinte minutos que yo estaba relatando historias de conversiones tremendas. Esperando atraer la atención de quienes me escuchaban, les relaté de esa vez que vi a un motociclista, de "los Angeles del Infierno" llorar al pie de la cruz, les relaté las veces que he visto decenas de adolescentes derretirse frente a la cruz, de las personas poseídas por demonios que gritaban en agonía mientras yo predicaba a Cristo. Pero cuantas más historias yo relataba, más distantes estaban estas jóvenes almas inconversas. Escuché que comenzaban las risitas disimuladas y varios de ellos comenzaron a burlarse del mensaje.

Entonces Dios me habló: "Predica la sangre, Esteban. Si yo soy levantado, a todos atraeré a mí mismo. Habla de mis sufrimientos, de mi dolor, de mi cruz."

Yo estaba contristando al Espíritu Santo. Entonces, allí mismo, me arrepentí por no haber estado haciendo lo que Dios quería, y rápidamente me acomodé a su mensaje y a su plan. Pocos minutos después, todos los que me escuchaban estaban llorando copiosamente. Cuanto más predicaba la cruz, más lloraban. Cientos de personas pasaron al altar. Mis pequeñas historias no los habían satisfecho. ¡El sacrificio de Cristo los hizo libres!

No dejes a un lado la sangre ni saques la cruz de tu mensaje para atraer a la multitud. ¡Su obra de expiación es completa!

2. CONTRISTAMOS AL SEÑOR CON NUESTRA DESOBEDIENCIA.

"No es suficiente confesar libre y abiertamente nuestras muchas ofensas. Ceñido a la palabra de perdón se encuentra la obediencia."[9]

¿Cuántas veces debe pedirnos algo Jesús antes de que lo hagamos? ¿Te imaginas si fueras el Padre y tu hijo hiciera algunas de las cosas que tú estás haciendo? ¿Cuánto tiempo lo soportarías? ¿Cuántas veces le permitirías a tu hijo que desobedezca antes de aplicarle una disciplina? ¡La mayoría de nosotros estaríamos de acuerdo en que no pasaría demasiado tiempo! ¡Nuestra ira se encendería rápidamente!

Cierta vez, mi hijito Ryan, antes de recibir una buena y merecida tunda, comenzó a gritar: "¡Papá, te amo! ¡Papá, te amo!" Mi respuesta fue simple: "Si me amas, ¡obedéceme!"

El apóstol Juan escribió: "Y este es el amor, que andemos según sus mandamientos" (2 Juan 6). ¡Sé obediente a esa voz suave y apacible! Watchman Nee dijo cierta vez que si nos ocupamos de lo que a Dios le preocupa, Dios se ocupará de lo que nos preocupa a nosotros.[10] Realmente, la obediencia es mejor que el sacrificio. "Ciertamente, el obedecer es mejor que los sacrificios, y el prestar atención que la grosura de los carneros" (1 Samuel 15:22). Es mucho más fácil ofrecer emblemas ritualistas que obedecer la voz del Señor. Tranquilizamos nuestras conciencias ofreciéndole nuestro servicio en lugar de ofrecerle nuestra vida.

Nunca olvidaré a un hombre que me abrazó durante un culto, llorando desconsoladamente. Yo estaba de visita en su iglesia y había ofrecido a todos los que quisieran oración, que pasaran al frente.

"Dios me llamó al campo misionero cuando yo tenía dieciséis años", me confesó, secándose los ojos. Era obvio que estaba profundamente conmovido por esta confesión. "Le presenté distintas excusas y no seguí su llamado. Durante estos años he levantado un negocio exitoso y tengo mucho dinero. Pero me he perdido lo que Dios tenía para mí durante los últimos cuarenta años. He estado en la iglesia, he servido como diácono, he pagado mis diezmos, pero me perdí lo que Dios tenía para mí todos estos años."

Qué situación tan triste, lastimosa e innecesaria. ¡Ese hombre había estado fuera de la voluntad de Dios durante más de cuatro décadas! Mi consejo fue que se arrepintiera y comenzara a participar de todo proyecto misionero que le fuera posible. "No confiese su falta solamente", le dije. "Muéstrele a Dios que usted toma en serio este cambio." Le conté sobre una pareja de sesenta y cinco años de edad que estaba aprendiendo español en nuestra escuela en Costa Rica, preparándose para salir al campo misionero. ¡Nunca es tarde para comenzar a andar en obediencia!

Obedecer es mejor que los sacrificios. Dios no desea actos de contrición de nuestra parte; más bien, desea una vida de obediencia.

3. CONTRISTAMOS AL SEÑOR CUANDO NEGAMOS SU PRESENCIA.

Negamos la presencia de Dios con nuestras acciones diarias. ¿Dónde ha ido a parar nuestro temor de Dios? "¿Se ocultará alguno, dice Jehová, en escondrijos que yo no lo vea? ¿No lleno yo, dice Jehová, el cielo y la tierra?" (Jeremías 23:24).

¿Por qué nos escondemos de su presencia? Porque, como Adán y Eva, tratamos de ocultar nuestras faltas. Buscamos un lugar entre los árboles donde podamos escondernos. "Y oyeron la voz de Jehová Dios que se paseaba en el huerto, al aire del día; y el hombre y su mujer se escondieron de la presencia de Jehová Dios entre los árboles del huerto" (Génesis 3:8).

¡Qué tontería! Jugar a las escondidas con Dios es imposible. ¡Dios puede ver a través de los árboles! Además, ¿no nos ha enseñado la naturaleza que es peligroso escondernos debajo de un árbol cuando se prepara una tormenta? ¡Allí nos alcanza el rayo! Sé transparente con el Señor; confiesa tus faltas. Arrepiéntete. Pídele que te perdone. ¡No corras a esconderte!

Escucha las palabras de Isaías: "...yo también os destinaré a la espada, y todos vosotros os arrodillaréis al degolladero, por cuanto llamé, y no respondisteis; hablé, y no oísteis, sino que hicisteis lo malo delante de mis ojos, y escogisteis lo que me desagrada" (Isaías 65:12).

La mayoría de nosotros simulamos creer que Dios está presente en todas partes, pero vivimos como si no estuviera presente en ningún lado. Este es un terrible agravante del pecado. Quebrantar la ley de un rey delante de sus propios ojos es más osado que violarla a sus espaldas. ¡Pero es exactamente lo que estamos haciendo!

Al darnos cuenta de nuestro pecado deberíamos clamar, como David: "Contra ti, contra ti solo he pecado, y he hecho lo malo delante de tus ojos" (Salmo 51:4).

No observé tu presencia, te descuidé mientras tus ojos estaban sobre mí. Y esta   consideración debería acicatear nuestros corazones en toda confesión de nuestros delitos. Los hombres temerán a la presencia de otros hombres, de lo que piensen en su corazón. ¡Cuán indigno trato damos a Dios al no servir tanto a sus ojos como lo hacemos a los de los hombres![11]

Decide ahora ser un hijo que agrade a su Padre. Abrázalo en lugar de negar su presencia. Así como Adán y Eva se vieron obligados a confesar, tarde o temprano todos nosotros nos presentaremos delante de él. ¿Por qué no hacerlo ahora, voluntariamente, en lugar de que sea más tarde, cuando nos ahogue el temor?

Deberíamos aprender de David. Cuando nos hemos equivocado, debemos reconocerlo. Pienso en las palabras del ministro inglés Abraham Wright (1611-1690): "Podemos sentir la mano de Dios como Padre sobre nosotros, cuando nos golpea, tanto como cuando nos acaricia."12 El es nuestro padre. Nos corrige porque nos ama. El está pensando en la eternidad.

4. CONTRISTAMOS AL SEÑOR CUANDO TENEMOS IDOLOS EN NUESTRAS VIDAS.

Un ídolo es cualquier cosa que se coloca antes que Dios en nuestras vidas. La Biblia es clara al respecto: ¡La idolatría es un pecado y trae severas consecuencias!

El ídolo del orgullo (de ser alguien, de desear un nombre por sobre otros nombres) ha desolado a nuestro país. El orgullo, por definición, es "una vanidosa estimación de la propia superioridad". Es el hombre deleitándose en su pompa y su poder.

Alguien dijo que si Satanás no puede mantenernos al pie de la escalera, nos ayudará a subir hasta el tope para luego empujarnos hacia abajo. ¿Cuántos grandes líderes de la iglesia han subido a lo más alto para luego ser empujados al abismo? Las "personalidades" cristianas actúan como si existiera un "paseo de las estrellas" donde otros vendrán a adorar sus pisadas. Seguramente, ellos recogen su recompensa: la idolatría. Pero el Señor no lo permitirá. Hay sólo una estrella: ¡el Lucero de la mañana! Lee con qué dureza Stephen Charnock atacó a la idolatría:

Robar el honor debido a Dios y adjudicárselo a lo que no es obra de sus manos, a lo que es repugnante a sus ojos, ha turbado su descanso y ha motivado que su   justo aliento avive un fuego para morada eterna, una codicia que deshonra a Dios y asesina el alma, es peor que preferir a Barrabás antes que a Cristo.[13]

Recuerda, Dios siempre mira el corazón. Siempre es bueno hacer un profundo autoexamen de nuestra actitud de orgullo. Debemos vernos a nosotros mismos como Dios nos ve. Por ejemplo, si cada pensamiento que llegó a tu mente durante la semana pasada fuera repentinamente proyectado en una pantalla gigante de modo que todos pudieran verlo, ¿cuál sería la reacción? En total humillación te retirarías del cuarto. Lo que está escrito en la pantalla es lo que somos; no lo que parecemos ante los hombres. El hombre interior es el que contrista a Dios. "...porque Jehová no mira lo que mira el hombre; pues el hombre mira lo que está delante de sus ojos, pero Jehová mira el corazón" (1 Samuel 16:7).

Hace varios años, el pastor de una gran iglesia pentecostal que había estado atrapado en este mundo de fantasías dijo algo que alegró mi corazón: "He dado vuelta al círculo completo. Cuando este edificio nuevo recién había sido construido, quedé atrapado en todo el brillo y el (glamour). Pero ahora, el anhelo profundo de mi corazón es ver un mover soberano de Dios. Lo estoy buscando a él, junto con mi congregación, como nunca antes."

El culto vespertino en esa iglesia era una prueba contundente de sus palabras. ¡Qué increíble el hambre de Dios de esas personas! Cientos de ellas pasaron al frente buscando al Señor. Los niños pequeños sollozaban viendo a sus madres y padres llorar delante del Señor. ¡Qué maravilloso, piadoso ejemplo para que ellos siguieran: la tristeza santa que lleva al arrepentimiento! ¡Cuán refrescante fuc para mí ver todo eso! ¡Y cuánto más placer debe de haberle brindado al Señor! (Dicho sea de paso, esta iglesia era la Iglesia de las Asambleas de Dios de Brownsville, en Pensacola, Florida. El Día del Padre de 1995, sus oraciones fueron contestadas. El poder de Dios inundó la iglesia como un poderoso río. Cientos de miles de personas entran aún por sus puertas, para recibir un toque del Señor. Decenas de miles se han arrepentido, recibiendo a Cristo como su Salvador personal.)

¿Cuántos líderes han caído de cabeza desde el balcón de sus presuntuosos castillos, matando así su integridad? ¡Han sido envenenados por su posición! Qué dolor debe de causarle esto al Señor. Hace años que él ve repetirse este comportamiento:

¿Qué maldad hallaron en mí vuestros padres, que se alejaron de mí, y se fueron tras la vanidad y se hicieron vanos? Y no dijeron: ¿Dónde está Jehová, que nos   hizo subir de la tierra de Egipto...? ...os introduje en tierra de abundancia,... pero entrasteis y contaminasteis mi tierra, e hicisteis abominable mi heredad (Jeremías 2:5-7).

Piensa en el desastre que hemos hecho de nuestro país.

Nuestra búsqueda de conocimiento se ha convertido en flagrante idolatría. Como Adán y Eva, queremos un bocado de ese fruto de la ciencia del bien y del mal. Queremos convertirnos en Dios. "El conocimiento es poder", proclamamos en las aulas.

Hay un movimiento llamado eugenesia, que se dedica a mejorar la especie humana controlando los factores hereditarios. Es cierto, hasta estamos experimentando con la clonación de embriones. ¡Ahora pensamos que el poder de la vida está en nuestras manos! La tecnología ha ido demasiado lejos. Esto no es la alborada de la era de la eugenesia; ¡es la condenación de la era humana!

Jesús nos advierte que es mejor tener un corazón lleno de Dios que una mente llena de conocimientos. "Porque, ¿qué aprovechará al hombre, si ganare todo el mundo, y perdiere su alma?" (Mateo 16:26). Pero los científicos insisten en decir que estamos a punto de comprender cómo llego a existir la creación. ¡Qué idolatría! Jeremy Taylor, el pastor anglicano del siglo diecisiete, dijo: "¿Puede algo en este mundo ser más necio que pensar que toda esta extraña trama de cielo y de tierra puede producirse por casualidad, cuando ni con toda la ciencia y el arte puede fabricarse una ostra?"14 Y Salomón dijo: "...quien añade ciencia, añade dolor" (Eclesiastés 1:18). Podemos estudiar libros de arqueología hasta pasada la medianoche, pero un día nos encontraremos con Aquel que con su Palabra creó todas las cosas. Podemos convertir a nuestro planeta en un ídolo, gastar billones para salvarlo y perder nuestras propias almas. ¡Qué ironía, qué idolatría!

¿Por qué ha hecho así Jehová a esta tierra y a esta casa? Y se responderá: Por cuanto dejaron a Jehová Dios de sus padres, que los sacó de la tierra de Egipto, y   han abrazado a dioses ajenos, y los adoraron y sirvieron; por eso él ha traído todo este mal sobre ellos (2 Crónicas 7:21, 22).

Hace poco confronté a un joven acerca de si él amaba a Cristo. Estaba sentado junto a su prometida, una hermosa joven de la cual obviamente él estaba muy enamorado. El Señor me señaló a este joven y me dijo que le comunicara: "Si te enamoraras de Jesús tanto como amas a esta joven, todo el cielo se derramaría sobre tu vida." Las palabras tocaron su corazón, y comenzó a llorar.

Varias semanas después, recibí una carta de uno de sus amigos. Parece que este joven tomó las palabras como recibidas directamente del Señor. Jesús volvió a ocupar su lugar en el trono de ese corazón. Las oraciones de este joven volvieron a ser contestadas. Su padre, un hombre que se había endurecido y había rechazado el evangelio durante años, ahora había vuelto a la iglesia y se deshacía en la presencia de Dios.

Cualquier cosa que tome el lugar de preeminencia en nuestras vidas es un ídolo. Desde los amantes hasta la tierra, desde la fama a la fortuna, desde el golf hasta la caza. Es todo idolatría, cuando dejamos a Dios a un lado. ¿Cuántos hombres en todo este continente se levantan por la madrugada para ir de pesca, pero no pueden quitarse las sábanas de encima para buscar al Señor? ¿Cuántos jóvenes pueden decir quién ganó el último campeonato de fútbol, pero temen decirles a sus amigos lo que deben hacer para no perder sus almas? ¡Qué hipocresía, qué dolor para el corazón!

Hasta es posible que nuestro deseo de ser reconocidos como santos sea un ídolo de orgullo. Robert Murray McCheyne dijo en una ocasión: "La fama de ser un hombre de Dios es una trampa tan grande como la fama de ser un hombre elocuente o sabio. Es posible ocuparse con escrupulosa ansiedad de los hábitos, incluso los más secretos, de la devoción, con el fin de ser reconocido como santo." Continuó diciendo que la mayoría de los integrantes del pueblo de Dios se contentan con ser salvos del infierno que está afuera. Pero no están tan ansiosos por ser salvos del infierno que está dentro de ellos.[15]

Derriba tus ídolos; ¡rómpelos en pedazos! ¡Que sean reducidos a polvo bajo el poderoso martillo del Señor. Complace al Señor y mitiga su dolor convirtiéndote en un hijo completamente rendido a su señorío. Si sientes la vara correctora de tu Padre celestial, agradécele. Agradécele que se preocupe por ti: "Porque el Señor al que ama, disciplina" (Hebreos 12:6). John Flavel, un hombre de Dios inglés del siglo diecisiete, dijo en cierta ocasión: "¡Oh, cuántos han sido conducidos al infierno en los carruajes de los placeres terrenales, mientras otros han sido enviados al cielo por los azotes de la vara de la aflicción!"[16]

A medida que nos acerquemos al corazón de Dios, y escuchemos su latido, y comencemos a ver la vida con los ojos de la eternidad, que esta enseñanza nos atrape y nos contriste. ¿Existen otras áreas de nuestras vidas que contristen al Señor? ¿Qué del corazón desagradecido? La ingratitud contrista al Señor. Te animo a que te reúnas con Dios a solas, estudies la Biblia y le pidas a él que te revele todas las actitudes que le causan tristeza. Debemos terminar con este dolor innecesario que le estamos causando. Por favor, comprende que estoy escribiendo este libro con lágrimas en los ojos. Mi deseo al escribir este capítulo, y otros, es que nos lleven a la contrición y al arrepentimiento. Nos hemos apartado tanto, y hemos estado mascullando entre dientes las palabras de Jeremías: "Soy inocente, de cierto su ira se apartó de mí" (Jeremías 2:35). Pero verdaderamente sucede lo opuesto: hemos sido negligentes en nuestra relación. Y "un Salvador que ha sido dejado de lado será un Juez severo" (Thomas Boston, escritor y ministro presbiteriano escocés, 1676-1732).

El diluvio ocurrido en los días de Noé no se debió a que el dolor de Dios se tornara violento. No; todos hemos leído acerca del dolor violento. Cuando un padre triste se enfurece por la leve sentencia que recae sobre el hombre que violó y mató a su hija, se deja llevar por un dolor irracional y violento, y mata al violador. Y luego va a parar a la cárcel por asesinato. El dolor de Dios es diferente. Está saturado de amor. Su comportamiento al reaccionar en relación con su dolor es justo. En Amós 8:9, 10, dice: "... cubriré de tinieblas la tierra en el día claro. Y cambiaré vuestras fiestas en lloro, y todos vuestros cantares en lamentaciones;... y la volveré... como día amargo." Debemos comprender que él ha pesado todo en su balanza, y su decisión es justa.

Este es el tiempo de llorar. Debemos unirnos al Señor en su quebrantamiento por el hombre caído. Estas palabras de Horatius Bonar llegaron a lo profundo de los corazones de sus lectores hace más de un siglo, y siguen siendo tan agudas como si su autor estuviera vivo ahora:

El presente parece ser un tiempo de peculiar advertencia para los santos. Muchos yacen bajo la reprensión del Señor. El juicio ha comenzado por la casa de Dios. Dios está tratando muy de cerca y muy solemnemente con los suyos. En más de un santo, en este momento, descansa con dureza su vara. Porque se alistará para advertirles y levantarlos antes de que el día malo llegue.

El trata con ellos como trató con Lot la noche anterior a la desolación de Sodoma. Reciban, pues, los santos, su advertencia. Sean celosos, y arrepiéntanse, y hagan sus primeras obras. Salgan, apártense, ¡no toquen cosa inmunda! Dejen las obras de las tinieblas; calcen la armadura de la luz. El los está llamando a ascender a un nivel superior en la vida espiritual; a terminar con las indecisiones, dudas y concesiones. El está llamándolos a considerar al Apóstol y Sumo Sacerdote de su profesión, y a seguir sus pisadas. El está llamándolos a mirar a la nube de testigos y despojarse de todo peso, especialmente del peso que los asedia, y a correr con paciencia la carrera que les queda por delante, "puestos sus ojos en Jesús".

¡Iglesia del Dios viviente! Recibe esta advertencia. No te complazcas a ti misma, así como Jesús no se complació a sí mismo. Vive para él, no para ti; para él, no para el mundo. Camina siendo digna de tu nombre y tu llamado; digna de aquel que te compró como su esposa; digna de tu eterna herencia.

¡Levántate, también, y advierte al mundo! Los castigos que caen tan duramente sobre ti son precursores de la lluvia de fuego que se prepara para la tierra. Levántate, entonces, y adviérteles; urge e ínstales a que escapen de la ira venidera. Ya no tienen tiempo que perder; tampoco tú. La última tormenta se aproxima. Sus negras nubes ya pueden verse en los cielos. El juicio ha comenzado por la casa de Dios, y si así es, ¡cuál será el fin de aquellos que no obedecen a Dios![17]

Dios está recorriendo la tierra con su mirada, buscando un puñado de hombres y mujeres piadosos. Está buscando a los Noé, aquellos que le agraden. Que las características que fueron halladas en Noé sean halladas en nosotros. "Pero Noé halló gracia ante los ojos de Jehová" (Génesis 6:8).

Confío en que en este momento sigas abrazando al Señor. Mientras lo haces, veamos porqué Noé halló gracia a los ojos de Dios:

Primero, era justo:

Hijo de hombre, cuando la tierra pecare contra mí rebelándose pérfidamente, y extendiere yo mi mano sobre ella, y le quebrantare el sustento del pan, y enviare en ella hambre, y cortare de ella hombres y bestias, si estuviesen en medio de ella estos tres varones, Noé, Daniel y Job, ellos por su justicia librarían únicamente sus propias vidas, dice Jehová el Señor (Ezequiel 14:13, 14).

Noé era moralmente limpio. Era un hombre virtuoso, que levantaba el estandarte del Señor.

Segundo, Noé tenía una relación de intimidad con el Señor. "Noé, varón justo, era perfecto en sus generaciones; con Dios caminó Noé" (Génesis 6:9). El texto original habla de una conversación continua con el Señor. Es la misma palabra que se utiliza para referirse a la relación de Enoc con Dios. ¡Es interesante que Dios se llevó a Enoc y dejó a Noé!

Tercero, Noé era obediente. "Por la fe Noé, cuando fue advertido por Dios acerca de cosas que aún no se veían, con temor preparó el arca en que su casa se salvase; y por esa fe condenó al mundo, y fue hecho heredero de la justicia que viene por la fe" (Hebreos 11:7). Recuerda, a Noé le llevó más de cien años construir el arca. Dios le dijo que lo hiciera; ¡no le dijo cuánto tardaría! ¡Obediencia!

"Mas como en los días de Noé, así será la venida del Hijo del Hombre" (Mateo 24:37). Decidámonos a ser los "Noé" de Dios en estos últimos días. ¡Cambiemos su lamento en baile!

C U A T R O

LOS HOMBRES NO LLORAN

No te avergüences de llorar...
por ti mismo
y por los que te rodean

Yo lo llamo "programación pagana". La triste definición de la hombría que da la sociedad ha producido generación tras generación de "momias masculinas". Hombres adultos, muchos de los cuales desean con desesperación expresarse, se sofocan bajo el vendaje de un adoctrinamiento estúpido. Lamentablemente, esto incluye a la mayoría de los hombres cristianos, los mismos líderes de la iglesia de Jesucristo.

Para decirlo en forma sencilla, hemos sido programados para "llevar la carga encima". Pase lo que pase, ¡no llores! No dejes que vean cómo eres en realidad. ¡Apaga tus emociones! Muérdete esos labios temblorosos. ¡Cambia de tema! Vuelve el rostro y respira profundamente. Combate ese sentimiento, y pasará. Si sollozas, quedarás marcado de por vida.

Amigo, este mito se derrite bajo el intenso calor de la verdad. Te digo: deja que fluyan las lágrimas, y quedarás marcado de por vida. ¡Quedarás marcado como un hombre!

¿Qué es lo que hace llorar a un hombre adulto? Cualquier cosa: desde un placer extremo hasta el más profundo pozo depresivo. Ya sea que estén lamentando la muerte de un ser querido o simplemente observando un desfile patriótico, los hombres que están en contacto con lo que sienten pueden derramar lágrimas.

Quisiera que miráramos juntos algunos hombres que lloran, y porqué lo hacen. En su libro Crying: The Mystery of Tears (Llanto: el misterio de las lágrimas), el Dr. William H. Frey II sostiene: "Es rara la persona que nunca derrama lágrimas de dolor, gozo, angustia o éxtasis. A lo largo de la historia de la humanidad, las lágrimas han estado entretejidas con la misma esencia del corazón humano"[1] Según el Dr. Frey, el hombre promedio llora una vez por mes. Durante el curso de una buena semana, un hombre segrega un mililitro de lágrimas producido por sesenta glándulas oculares.[2]

Stuart Cosgrove concluye su artículo sobre los hombres que lloran de esta forma:

La imagen de un hombre llorando llega a la misma esencia de la identidad masculina. Según las generalizaciones trilladas, los hombres rara vez lloran. Con el fin de preservar el honor de la masculinidad, los hombres suprimen las lágrimas y ocultan sus emociones más frágiles detrás de una máscara de orden y control. Cargados con este mito, cuando los hombres se dejan caer y lloran, se lo ve como un hecho de tal profundo significado que reclama la atención, y la impresión de que algo importante ha sucedido invade al observador. Pero como la mayoría de las imágenes de la masculinidad, contener las lágrimas es un engaño a la espera de ser descubierto.[3]

Algunos hombres desean llorar, pero no pueden. Aunque cuentan con la capacidad física de hacerlo, están atados por años de supresión de emociones, y se encuentran aislados de sus propios sentimientos. "Desearía poder llorar", confiesa G. Modele Clarke:

Quiero decir, llorar de verdad. He estado anhelando un derramamiento de lágrimas ruidoso, que me haga retorcer las entrañas, que venga de lo más profundo de mí y dé rienda suelta a años de pena y dolor reprimidos. Pero existe un bloqueo emocional, una pared impenetrable, que se levanta entre mis lágrimas y yo. Cuando hablo de mi imposibilidad de llorar, siempre hago la distinción entre capacidad y deseo. Créanme, lo haría si pudiera.[4]

Hombres que dicen no poder llorar se han encontrado con que sus ojos se llenan de lágrimas durante una escena emocionante y conmovedora de una película. Pero aun en medio de la oscuridad, rápidamente secan de un manotazo toda evidencia de aparente "debilidad".

El general Norman Schwarzkopf, uno de los héroes de la actualidad en los Estados Unidos, muestra abiertamente sus emociones. Y sostiene: "No creo que me cayera bien un hombre que es incapaz de emocionarse lo suficiente como para tener lágrimas en los ojos. Esa clase de persona me da miedo. No es un ser humano."[5]

Podría escribirse todo un libro sobre los guerreros que lloran. Muchos héroes de nuestro país, valientes en la batalla y poderosos en público, han mostrado sus sentimientos sin reprochárselo. Más de un soldado doblado sobre sus rodillas ha besado la tierra y derramado lágrimas de gozo al completar su turno de servicio en un país extraño. Y los observadores que compartían esa victoria también lloraban. Sus emociones los inundaban por dentro mientras la banda de la Marina ejecutaba "Dios bendiga a América, la tierra que amo".

La historia registra innumerables momentos de inolvidable emoción. Millones de ojos se humedecieron al concluir una de las más famosas oraciones pronunciadas en la historia del país. Esta oración fue elevada en el advenimiento del día que marcaría la conclusión de la Segunda Guerra Mundial. Ese día, la nación toda tenía encendidas sus radios, escuchando la oración del presidente Franklin D. Roosevelt: "Todopoderoso Dios: Nuestros hijos, orgullo de nuestra nación, se han fijado para este día una portentosa empresa, la lucha para preservar nuestra república, nuestra religión y nuestra civilización, y para dar libertad a una humanidad sufriente. Llévalos adelante en la verdad; dale fuerzas a sus armas, firmeza a sus corazones, fortaleza a su fe."[6]

Hombres y mujeres escucharon esta oración, sentados en

sus hogares, hogares desde los cuales habían partido sus seres amados para luchar por la libertad. Entonces llegaron las palabras finales, seguidas por dos himnos elegidos que se clavaron en el corazón de todos, aun de los más endurecidos varones, moviéndolos a deshacerse en lágrimas: "Sea hecha tu voluntad, todopoderoso Dios. Amén." La pausa fue breve. Luego, de la radio brotó un coro de voces que entonaban reverentemente:

Firmes y adelante,
huestes de la fe;
sin temor alguno,
que Jesús nos ve.[7]

Al finalizar este emocionante himno, la amada cantante Julia Ward Howe comenzó a entonar las estrofas que cruzaron las ondas del aire conmoviendo el corazón de cada estadounidense:

Mis ojos han visto la gloria
de la venida del Señor,
Bajo sus pies esté el fruto
de la viña de su ira;
Ha liberado el mortífero rayo
de su terrible y veloz espada;
Su verdad avanza en victoria.

En todo el país, un emocionado coro de voces en millones de salas de estar se unió al coro: "¡Gloria, gloria, aleluya! ¡Gloria, gloria, aleluya! Su verdad avanza en victoria!" Todos los versos de este himno fueron entonados; uno por una mujer, el siguiente por un hombre. Ambas voces se unieron en el coro final. ¡Qué inolvidable e impresionante momento!

Con la belleza de los lirios,
nació Cristo al otro lado del mar.
Con la gloria en su pecho
que transfigura aun a ti y a mí;

El murió para hacernos santos;
vivamos para hacer libres a los hombres,
Mientras Dios avanza en victoria.[8]

A lo largo y a lo ancho del país, hombres adultos sollozaban como bebés. Familias enteras lloraban sin control. Este increíble momento patriótico conmovió a todos los Estados Unidos hasta las lágrimas.

Los hombres también han sido llevados a las lágrimas por una pena abrumadora. Sólo unos pocos días antes de su lamentada partida, el presidente Abraham Lincoln comentó que la paz del cielo inundaba su corazón. Esto sucedió a poco de la muerte de su hijo.

Mientras el joven yacía moribundo, Lincoln vio cómo su raciocinio, generalmente firme, llegaba al punto de quebranto. Estuvo en vela noche tras noche, orando, cubriéndose el rostro con las manos y sus codos apoyados en las rodillas: "Padre, si es posible, pase de mí esta copa."

Una enfermera, la señorita Ida Tarbell, estaba con el presidente cuando cayó el temido golpe. Ambos se quedaron con las cabezas inclinadas, mirando fijamente a la muerte. El dolor atenazaba el corazón de Lincoln.

"Esta fue la prueba más dura de mi vida. Yo no era cristiano", explicaría él más tarde. La señorita Tarbell, que ya había experimentado en su propia vida la profundidad del pesar humano y la consolación divina, guió al mandatario sufriente hacia su Salvador. Este dolor privado en ese momento lo preparó para el tremendo dolor público que le esperaba.

"Cuando fui a Gettysburg," dijo Lincoln, "y vi las tumbas de miles de nuestros soldados, allí y entonces, me consagré a Cristo." Con ojos llenos de lágrimas les contó a sus amigos que había hallado, por fin, la fe que tanto buscara. Comprendió que su corazón había cambiado y que amaba al Salvador.[9] ¡Imagínate! El presidente de los Estados Unidos llorando ante la cruz.

El voluminoso presidente Lyndon Johnson lloró intensamente al encontrarse frente a la tumba de Gandhi, en la India. En

1978, año en que finalmente perdió su batalla con el cáncer, Hubert Humphrey lloró varias veces en público. En uno de estos momentos pronunció su recordada frase: "Un hombre sin lágrimas es un hombre sin corazón."[10]

Cuando el gran zepelín Hindenburg se precipitó sobre tierra en Nueva Jersey, en la década del '30, los Estados Unidos escucharon horrorizados el sonido de los sollozos del relator que observaba los cuerpos en llamas tratando de escapar de los escombros.

Desde figuras deportivas hasta políticos, desde héroes de guerra hasta ejecutivos de grandes compañías, el país es testigo de un continuo fluir de lágrimas visibles. Grandes hombres en todos los siglos han desechado el temor del hombre y se han mostrado bañados en lágrimas.

La investigación del doctor Frey presenta un virtual catálogo de hombres de lágrimas. El famoso beisbolista Babe Ruth lloró frente a sesenta mil espectadores en el Yankee Stadium mientras se recuperaba del cáncer. El actor James Steward lloró frente a las cámaras de televisión cuando murió su perro. Richard Nixon lloró por Watergate. Leonard Berstein lloró de emoción artística el día que dirigió su orquesta en el Kennedy Center, en Washington. El presidente Bill Clinton fue visto por todo el país, limpiando de sus ojos lágrimas de alegría el día de su asunción, mientras disfrutaba de una inspiradora canción.

Sólo Dios sabe cuántos hombres despertaron violentamente de su apatía emocional el 22 de noviembre de 1963. Los disparos se escucharon en todo el mundo: el presidente John F. Kennedy estaba muerto. Fue un día de apertura pública: hombres adultos lloraban sin remordimientos.

El evangelista estadounidense Charles Finney escribió acerca de su propia lucha con las lágrimas:

Tomé mi contrabajo, como solía hacer, y comencé a ejecutar y entonar algunas   piezas de música sacra. Pero tan pronto como comencé a entonar estas obras sagradas, comencé a llorar. Parecía como si mi corazón fuera totalmente líquido; y mis sentimientos se encontraban en tal estado que no podía escuchar mi propia voz cantando sin que mi propia sensibilidad me abrumara. Me pregunté porqué sucedería esto, y traté de contener las lágrimas, pero no logré hacerlo. Luego de intentar vanamente suprimir esas lágrimas, aparté el instrumento y dejé de cantar.[11]

Finney había escrito anteriormente en su diario que le era imposible derramar lágrimas. Otro gran hombre, otro hombre de lágrimas.

La lista no tiene fin; los hechos son claros: los hombres sí lloran. Esto nos lleva al ejemplo más importante de todos.

El mismo Jesús lloró (ver Juan 11:35; Lucas 19:41). Pocos podrían discutir su hombría. Había trabajado con el sudor de su frente bajo la enseñanza de su padre carpintero. Podía levantar un hacha como un leñador. La dulce música de su serrucho podía oírse desde el amanecer hasta el ocaso. Duras piedras y grandes troncos se rendían a su decidido golpe. Era un obrero, un verdadero trabajador.

A medida que pasaban los años, sus manos se volvieron ásperas. Sobre la piel juvenil se formaron callos, los músculos se desarrollaron por medio del trabajo. En lo externo, era el más hombre de los hombres, pero en su interior, tenía una ternura que pronto dejaría atónito al mundo. El sintió todos los dolores que cualquier hombre podría sentir en cualquier época. Fue tentado en todas las formas. Fue probado, y hallado sin mancha.

Su poder de convocatoria sería la envidia de todo político. Era el tema de charla obligado en las mesas de los ricos. Pero los que supuestamente eran justos se airaban al verlo rodearse de personas comunes. Las multitudes escuchaban extasiadas cada palabra que él pronunciaba. "Nadie habla como este hombre", comentaban. "Es como si nos conociera." Sus palabras eran dulces como la miel para algunos, y amargas como la hiel para otros. Como tú y yo, él tenía tanto amigos como enemigos.

Ellos lo vieron sanar a los enfermos y levantar a los muertos. Los cojos saltaban de gozo y victoria. Los ciegos de nacimiento veían la luz del día. Los desamparados recibían misericordia. A la gente le gustaba eso, pero al mismo tiempo se asombraban cuando él pronunciaba duros juicios sobre los que buscaban justificarse a sí mismos.

Casi podemos escuchar lo que pensaba esta gente: "Este hombre es increíble. No le importa la apariencia de las personas. ¡Apunta directamente al corazón! Es como si conociera su destino y el nuestro. El se pone de pie y avanza cuando la mayoría de nosotros huiría cobardemente." Sí, Jesús era un héroe. El hombre más valiente en vida... jamás hallado. Pero no tenía miedo de llorar.

¿El secreto? Es sencillo. Considera estas cosas:

El hablaba la verdad en amor bajo la unción de Dios. Aprendió obediencia y se rindió al plan del Padre para su vida. El veía todo a la luz de la eternidad. Comprendía que la amargura hacia sus enemigos o el orgullo por sus éxitos destruiría todo lo que el Padre lo había enviado a construir.

Con el fin de llevar a cabo su mandato divino, Jesús sabía que era necesario mantenerse en contacto con sus sentimientos. Sabía cuándo enojarse y cuándo mostrar compasión. Sabía cuándo expresar gozo y cuándo llorar. Comprendía el lenguaje de las lágrimas. Su vida emocional estaba bajo control, pero estaba a la vista de todos.

Jesús destrozó el mito moderno de la masculinidad. Sí, los hombres fuertes tienen sentimientos, y los muestran. Jesús, David, Jeremías, Pablo, Timoteo y Juan fueron todos grandes hombres y héroes de la fe, y fueron hombres de lágrimas. A partir de estos ejemplos, vemos que los verdaderos hombres son honestos en cuanto a lo que sienten en lo más profundo de su ser. ¡Los hombres sí lloran!

En su oportuno libro, Prepare for Revival (Prepárate para el avivamiento), Rob Warner destaca a los hombres de lágrimas de la Biblia:

La Biblia es un lugar en que no se demuestra en lo más mínimo que los hombres no lloran. En cuanto a individuos que lloran, tenemos un "quién es quién" bíblico. Esaú lloró por su rivalidad con Jacob (Génesis 27:38). Jacob lloró junto con Esaú en su reconciliación (Génesis 33:4), y luego lloró ante la aparente muerte de su hijo José (Génesis 37:35). Cuando José estaba preparándose para revelar su verdadera identidad a sus hermanos, lloró de forma tan audible que se convirtió en tema de conversación de los egipcios (Génesis 45:2). Poco después, lloró con sus hermanos (Génesis 45:14, 15), y cuando Jacob finalmente llegó a Egipto, José le echó los brazos al cuello y lloró durante un largo rato (Génesis 46:29). Luego, lloró sobre el cadáver de Jacob y nuevamente, cuando supo de la última voluntad de su padre, que perdonara totalmente a sus hermanos (Génesis 50:1, 17). Saúl, el primer rey de Israel, lloró (1 Samuel 24:16), de la misma manera que David y Jonatán (1 Samuel 20:41). En cierta ocasión, el ejército de David lloró en alta voz durante todo el día, hasta quedar sin fuerzas (1 Samuel 30:4). Sobre todo, Jeremías es el profeta de las lágrimas. Con frecuencia llora por Israel, aun mientras les trae advertencias directas del juicio inminente, y clama por misericordia con lágrimas (Jeremías 9:1, 18; 14:17; Lamentaciones 1:16; 3:48). Pedro lloró amargamente luego de negar tres veces a Cristo (Mateo 26:75). Pablo también conocía el lugar que ocupan las lágrimas y el valor que tienen. Habló de su ministerio diciendo que servía al Señor con gran humildad y con lágrimas (Hechos 20:19), y continuamente advertía con lágrimas sobre los falsos maestros (Hechos 20:31). Al escribir a Timoteo, recordó con cariño las lágrimas de éste la última vez que estuvieron juntos (2 Timoteo 1:4).[12]

Sí, cuando los hombres de verdad son honestos acerca de sus emociones más profundas, las lágrimas fluyen libremente. A lo largo de este libro, probablemente puedas observar con mayor profundidad las vidas de los hombres de lágrimas de la Palabra.

Desde su temprana infancia, a la mayoría de los varones se les enseña a disimular sus emociones profundas. Esta enseñanza no es nueva. Durante siglos, los hombres han sido cautivos de sus inhibiciones. Esconder las lágrimas o suprimirlas ha sido una reacción común para ellos durante centurias. Los hombres que no podían "controlarse" han sido muchas veces considerados "debiluchos" y comparados con bebés o con mujeres.

Incontables proverbios y creencias culturales profundamente arraigadas han ayudado a estimular este tipo de actitudes.

Un antiguo adagio de la India advierte: "Nunca confíes en la mujer que ríe o el hombre que llora." Qué típico de esta clase de adoctrinamiento. "¡Deja de llorar y compórtate como un hombre!" se les ha aconsejado a millones de jovencitos en esta tierra. Muchos padres (y algunas madres) temen que sus hijos lleguen a ser afeminados y erróneamente confunden sus lágrimas con debilidad.

Un amigo mío que trabaja en Tailandia me comentó, hace poco, que en la cultura de ese país, las lágrimas son, verdaderamente, señal de flaqueza. Ver hombres tailandeses con lágrimas en los ojos es un espectáculo muy raro.

En Italia, llorar en público es más aceptable que en los Estados Unidos. En Japón y en Inglaterra se lo considera tabú para cualquier persona, pero especialmente para los hombres.

Jeri y yo vivimos en Granada, España, durante seis meses. La atracción turística más visitada en nuestra zona era el palacio de la Alhambra. Esta increíble fortaleza de los moros se yergue majestuosa sobre la ciudad. Todo en ella habla de poder. Sus muros exteriores fueron construidos para soportar los ataques más intensos. Los interiores, con sus mosaicos intrincados, sus cuartos señoriales y sus espectaculares jardines, han atraído a visitantes de todo el mundo que observan admirados.

Justo fuera de la ciudad hay un hotel llamado El Suspiro del Moro. Hay una historia muy reveladora detrás de ese nombre. En 1492, el rey Fernando y los ejércitos cristianos de España expulsaron al rey moro Boabdil del sur de ese país. Desde lo alto de esa colina podía verse claramente la majestuosa Alhambra. La historia relata que en ese lugar, mientras se alejaba de Granada, la madre del rey Boabdil lo humilló públicamente diciendo: "Lloras como mujer lo que no has sabido defender como hombre."[13] Un perfecto ejemplo de la respuesta pública cuando cae la "máscara de la masculinidad".

El temor a esta clase de humillación pública ha sido causa de que muchos hombres escondan sus verdaderas emociones. Para mi sorpresa, muchas veces han venido hombres a verme después de una reunión evangelística en la que abundó el llanto, y me han dicho: "¿No le molesta ser tan abierto ante la gente? Usted deja fluir sus lágrimas con tanta libertad... Yo jamás podría ser tan transparente."

En su investigación sobre las lágrimas, Roberta Israeloff llegó a la siguiente conclusión:

El mundo está, en gran medida, dividido en dos grupos. En uno de ellos están las personas para las cuales llorar es tan natural como rascarse cuando sienten picazón, que creen en el valor medicinal de un buen llanto y no se incomodan cuando alguien se permite llorar. En el otro están aquellos que odian llorar y que tratan de evitar las lágrimas de los demás. Los que lloran les parecen sospechosos.[14]

El grupo número dos está lleno de hombres. Es difícil que pase una semana sin que alguno se una al grupo. Un típico ejemplo sería un encuentro que tuve recientemente con un joven de veinte años llamado David.

Una mañana, muy temprano me encontraba yo golpeando a la puerta de la casa de este notorio pandillero, movido por la compasión y el deseo de verlo entregarse a Cristo. Todos me habían hablado de sus explosiones de ira y su carácter insoportable. Un buen amigo me había explicado que David tenía un buen corazón, pero que estaba enterrado bajo una gruesa capa de rebelión, drogas, peleas y fiestas. Mi meta, ese día, era atravesar toda esa superficialidad y alcanzar lo profundo de su corazón.

Mi conversación con David fue rápida y directa. El había recibido un ejemplar de mi testimonio, titulado Stone Cold Heart (Un corazón frío como la piedra) y, advertido ya de mis antecedentes, me escuchó con atención. Exteriormente parecía duro, pero sus ojos contaban una historia diferente. Luego de explicarle la hipocresía de estar escondido bajo una máscara, noté un marcado cambio en su expresión. David sabía que era inútil tratar de esconder sus emociones.

El joven comenzó a llorar. Me regocijé interiormente al darme cuenta de que David no era tan duro como todos creían. El hombre fuerte que se escondía en su corazón estaba cayendo ante el poder de la verdad. Los muros estaban cediendo. Ya no tenía sentido resistirse. Después de orar con nosotros, David nos rogó: "No se den por vencidos conmigo. Estoy cambiando."

En el siglo dieciocho, Thomas Scott habló sobre el hombre fuerte que habita en nuestro interior. Al leer estas líneas descubrirás, como yo, una fortaleza increíble, una Alhambra, que rodea el cuarto señorial de tu corazón:

Una persona dijo que yo era como una piedra que rueda colina abajo, que no puede ser detenida ni vuelta al revés. Este testimonio era cierto. El hombre fuerte armado con mi orgullo y obstinación naturales, con mi vana imaginación, y razonamientos, y elevados pensamientos, había construido muchas fortalezas y había erigido un castillo en mi corazón. Cuando uno más fuerte que él llegó, soportó un largo tiempo; hasta que, siendo arrastrado por una fuerza superior, y viendo que toda su armadura, en la cual confiaba, le era quitada de sus manos, se vio obligado a ceder. Habiéndome entonces el Señor hecho dispuesto a rendirme en este día de su victoria, me vi forzado a confesar: "...oh Jehová... más fuerte fuiste que yo, y me venciste" (Jeremías 20:7).[15]

La verdad a la que se refería Thomas Scott, naturalmente, era la verdad de las Escrituras. El había llegado a la conclusión de que nada la precede, la sigue ni le añade nada. La Palabra de Dios se yergue, única, y permanece para siempre. El cielo y la tierra pasarán, pero la Palabra del Señor permanecerá por siempre.

Ahora mismo, pido a todo hombre que esté leyendo este libro que se reprograme, utilizando la Palabra de Dios como su guía. Escapa de esta maligna formación. Sé honesto; huye de la falsedad. ¡Aférrate a Dios!

El Dr. Frey anima a los hombres a comenzar a transitar el camino de regreso tratando de recuperar sus emociones y de conectarse con sus sentimientos profundos, como él lo hizo: "Dejé de llorar a los doce años y no recuerdo haber llorado nunca en los siguientes doce años. No sé porqué dejé de hacerlo, y no recuerdo haber hecho un esfuerzo consciente para ello; simplemente dejé de llorar."[16] Ahora, desde una situación en la que puede llorar nuevamente, les aconseja a todos que se den permiso para sentir tristeza, dolor, y para dejar que fluyan las lágrimas.

Quiero agregar otro consejo: Piensa lo valioso que es unirse al dolor de otras personas. Trata sinceramente de sentir su dolor. Sufre con ellas. Comparte una conversación con lágrimas.

Richard Forster, en su libro sobre la oración, anima a quienes en apariencia no pueden llorar exteriormente, a que al menos tengan la intención de derramar lágrimas delante de Dios. "Cultiva un corazón sensible al llanto. Mantén tu alma en lágrimas. Aun y cuando los ojos estén secos, la mente y el espíritu pueden estar quebrantados delante de Dios."[17]

Dios puede transformarte, de una momia masculina en un hombre de propósito. Deja que todo lo que tienes de "macho" se deshaga en la presencia del Señor. Entra en contacto con tus verdaderos sentimientos. No apagues la profunda obra del Espíritu. El mito de la masculinidad se derretirá bajo el calor intenso de la verdad. Deja que fluyan las lágrimas, y quedarás marcado de por vida. Quedarás marcado como un hombre.

Oremos:

Querido Jesús, estoy exhausto. Estoy cansado de jugar este juego. Quiero abrirme para experimentar todo lo que tienes para ofrecerme. Si las lágrimas se acumulan en mi interior, quiero que fluyan en el exterior. Perdóname por contener mis emociones durante años. Tú, amado Señor, eres el más grande hombre que jamás haya vivido, y deseo seguir tu ejemplo. Muchas veces tú fuiste movido a derramar lágrimas. Quiero experimentar esa misma liberación.

Te entrego mi corazón y mi vida. Sana las heridas. Derrite los muros que rodean mi corazón. Quiero experimentar cada parte de la vida abundante que viniste a ofrecer. En el precioso nombre de Jesús, amén.

C I N C O

E L   S I N D R O M E
D E   L O S   O J O S
S E C O S

¿Es posible padecer de una imposibilidad
física de derramar lágrimas?

Jeff tenía dieciocho años. Con lágrimas en sus ojos, me explicó que durante más de una década no había podido llorar. Regocijándose ante su recién descubierta libertad, Jeff exclamó: "Esta es la primera vez en años que he podido expresar abiertamente mis sentimientos más íntimos." Y me dijo: "Gracias por venir. Gracias por mostrarme que está bien llorar."

Las palabras de Jeff reflejan los intensos sentimientos de millones de personas. A la mayoría de nosotros nos encantaría ser liberados de nuestras inhibiciones. La vergüenza se ha convertido en nuestra enemiga: queremos ser liberados de la aparente "dignidad" que hace que deseemos justificarnos. Hay multitudes de personas que quieren ser libres.

Al final de un culto en una iglesia de Atlanta, Georgia, me encontré con un hombre que me confesó: "Hay algo en mi interior que desea salir. Es como si estuviera a punto de estallar. Se supone que debo llorar, pero no puedo. Por favor, ore por mí: quiero llorar."

Quizá este libro pueda servir como proclamación personal de liberación para aquellos que están atrapados en la esclavitud de la falta de lágrimas. Muchos de nosotros tenemos un corazón que llora en silencio, deseando encontrar su libertad de expresión. Y creo que esas cadenas deben ser rotas. Oro para que al leer este libro, puedas salir de esa prisión y entrar al mundo de los libres.

Hay muchas personas que se preguntan: "¿Es posible padecer de una imposibilidad física de derramar lágrimas? De ser así, ¿es algo que puede curarse?" Otra pregunta común al respecto es: "¿Qué causa las lágrimas? ¿Es bueno para nuestro físico llorar?"

La ciencia médica ha hecho avances increíbles en el estudio de las lágrimas. En las próximas páginas trataré de darte respuestas para estas preguntas. La información que ofrezco aquí fue tomada de años de investigación por parte de los médicos más reconocidos en este campo. En particular, el libro del Dr. William Frey, Llanto: El misterio de las lágrimas, ha sido un recurso invalorable en mi investigación sobre este tema.[1] Lo recomiendo enfáticamente para todos aquellos que deseen un mayor conocimiento sobre lo que está detrás de nuestras lágrimas. Pero aun así, los investigadores admiten que sólo estamos comenzando a develar el misterio de las lágrimas.

El título de este capítulo: "El síndrome de los ojos secos", se refiere a un cuadro médico en el cual los ojos son incapaces de producir lágrimas. Pero esta afección no es tan común como muchos que no pueden llorar podrían pensar. Muchos nos apresuramos a categorizar nuestras inseguridades, echándole el fardo a una afección física, cuando la cura real está al alcance de nuestras manos.

En realidad, los estudios han demostrado que muchos que dicen sufrir de "ojos secos" pueden ser detectados en un cine a oscuras, durante una escena emotiva de una película, secando las lágrimas de sus ojos. Sus corazones están angustiados; sus emociones afloran; y bajo l cubierta de la oscuridad, sus inhibiciones se desvanecen. Si esto lo describe a usted, entonces, su problema quizá esté más relacionado con el orgullo que con cualquier otra cosa.

Estudiemos algunas preguntas básicas que las personas se

formulan en cuanto a las lágrimas y al llanto.

¿QUE SON LAS LAGRIMAS?

Según la Asociación Médica Estadounidense, las lágrimas son una secreción acuosa salada producida por las glándulas lagrimales, que son parte del aparato lagrimal del ojo. La película de lágrimas que cubre la córnea y la conjuntiva consiste de tres capas: una interna, mucosa, segregada por las glándulas de la conjuntiva; una intermedia, de agua salada; y una externa, aceitosa.[2]

La deficiencia en la producción de lágrimas causa queratoconjuntivitis seca (el síndrome de los ojos secos). La producción excesiva de lágrimas puede resultar en un "ojo acuoso".

Las lágrimas limpian al ojo de gérmenes potencialmente destructores. No puedo evitar notar el paralelismo con el aspecto espiritual: las lágrimas, cuando lloramos clamando ante Dios, pueden limpiar nuestros ojos espirituales de cualquier mal que se haya arraigado allí. De la misma manera que las lágrimas físicas arrastran los gérmenes peligrosos, las lágrimas espirituales sirven como limpiadoras, cayendo al suelo y arrastrando con ellas los gérmenes que dañan nuestra alma.

¿EXISTEN LAS LAGRIMAS ARTIFICIALES?

Sí. Las lágrimas artificiales son preparados utilizados para complementar una insuficiente producción de lágrimas en casos de queratoconjuntivitis seca y otras afecciones que causan sequedad en los ojos. Para ser efectivas, las lágrimas artificiales deben ser aplicadas con cierta frecuencia. Las mismas también pueden ser utilizadas para aliviar la incomodidad producida por los agentes irritantes, como el humo o el polvo, pero ofrecen un alivio sólo temporario.

Muchos preparados contienen conservantes que pueden dañar los ojos. Los preparados contaminados pueden causar serias infecciones oculares.[3]

¿POR QUE LLORAN LOS BEBES?

La única forma de comunicación que tienen los bebés es el llanto. A esa edad, el llanto es la única forma en que su pequeño bebé puede llamar su atención. Las causas más comunes del llanto de los bebés son el hambre, los gases, la incomodidad, el dolor, la dentición, el aburrimiento y la soledad.

"Si los padres comprendieran," sostiene el doctor S. Norman Sherry, "que el llanto es una parte normal del desarrollo del bebé (que si el bebé no llora, entonces es que algo anda mal), no se preocuparían tanto."[4]

Es interesante que el llanto infantil ha sido cuidadosamente estudiado en los últimos tiempos, dada su importancia para ayudar a comprender la situación de la madre. Es decir, que muchas mujeres se ven tan afectadas por el llanto de sus hijos (y su propia incapacidad para calmarlos) que su autoestima y confianza en sus capacidades como madre se desploman. En esta situación, quizá dejen de amamantar a su hijo o, en casos extremos, pueden llegar a abusar físicamente de él.

¿QUE SUCEDE CUANDO LLORAMOS?

Cuando experimentamos emociones intensas, como dolor o ira, el cerebro envía una señal a las glándulas lagrimales. Estas glándulas están ubicadas en cada ojo y detrás de cada párpado, y producen continuamente lágrimas, un fluido acuoso y salado. Cuando parpadeamos, los párpados toman el fluido segregado por esas glándulas lagrimales. Las lágrimas bañan continuamente la córnea, que es la capa anterior del ojo, transparente y de forma curva.

Este fluido, conocido médicamente como lágrimas, sirve para mantener al ojo limpio, libre de gérmenes, y para lubricar el movimiento del párpado sobre el globo ocular. Cada vez que parpadeamos, el fluido se ubica en pequeños orificios ubicados en el rincón interno del ojo, bajando por el conducto lagrimal, que lo lleva a la base de la nariz y la garganta. Pero cuando reímos o lloramos, o si el ojo está irritado por la presencia de un cuerpo extraño como el polvo, la lágrimas se intensifican llegando a una producción excesiva.[5]

¿EXISTE MAS DE UNA CLASE DE LAGRIMAS?

Sí, hay dos clases de lágrimas. Cada vez que parpadeamos, una fina película baña la superficie del ojo con una sustancia que barre los gérmenes. Cualquier persona que haya cortado cebolla ha experimentado las lágrimas de irritación, que son provocadas por los fuertes vapores de la misma. Cuando un objeto extraño, como una pestaña o un grano de arena, se introduce en el ojo, estas lágrimas ayudan a arrastrar los agentes invasores irritantes. Esto se llama "lágrimas neurogénicas".

La segunda clase de lágrimas es propia de los seres humanos. Son lágrimas emocionales, es decir, de origen psíquico. Aunque el llanto se relaciona con el dolor, las lágrimas humanas aparecen en respuesta a muchas clases de emociones intensas. Desde las de dolor cuando muere un ser amado, hasta las de extremo gozo por haber ganado una confrontación deportiva, las lágrimas juegan un importante rol en las emociones humanas.

El llanto emocional tiene su origen en la parte del cerebro que gobierna las emociones, la memoria y el comportamiento. Si un cirujano bloqueara los nervios de esta área, no podríamos derramar lágrimas emocionales, pero no tendría ningún efecto sobre la otra clase de lágrimas que produce el cuerpo.

Las lágrimas continuas y las lágrimas causadas por la irritación son controladas por nervios diferentes de los que afectan el llanto emocional. Si se cortan estos nervios, o si un médico coloca una anestesia en la superficie del ojo, las lágrimas continuas y las de irritación dejan de fluir. Pero no hay cambio en las lágrimas de origen emocional.

¿EXISTE LA FOBIA A LAS LAGRIMAS?

En The Encyclopedia of Phobias, Fears and Anxieties (Enciclopedia de fobias, miedos y ansiedades), que ofrece una lista de más de 2.000 fobias y temores conocidos, encontramos el miedo a llorar. Algunas personas que lloran con facilidad en situaciones incómodas quizá traten de evitar estas situaciones, temiendo que otras personas los vean. Puede ser que teman que los critiquen por llorar.[6]

¿POR QUE PARECE QUE LAS NIÑAS LLORAN MAS QUE LOS VARONES?

Antes de llegar a la pubertad, los varones y las mujeres lloran aproximadamente en cantidades iguales, pero a los dieciocho años las jovencitas lloran con mayor frecuencia, sostiene el Dr. Frey. En parte, pueden existir razones biológicas para este fenómeno. El especialista señala que luego de la pubertad, el nivel de prolactina (que se encuentra en las lágrimas) en sangre es un 60% mayor en las mujeres que en los hombres. Después de la menopausia, los niveles de prolactina disminuyen. Esto podría explicar porqué las mujeres que han pasado la menopausia son más propensas a sufrir del síndrome de los ojos secos.[7]

Muchos expertos aún creen que el condicionamiento cultural es una causa principal. "Los varones aprenden pronto a adormecer su sensibilidad a dos clases de emociones", sostiene el psicólogo Ronald Levant, supervisor clínico del Centro de la Pareja y la Familia del Hospital de Cambridge, dependiente de la famosa universidad. "Cortan los sentimientos de vulnerabilidad (como el dolor, la decepción, la tristeza y el miedo), y los de ternura, como la compasión, la calidez y el afecto." Lo cual nos deja... ¿qué? "Ira y deseo sexual."

"Como consecuencia, cuando surgen emociones dolorosas, muchos hombres explotan en ira", explica el Dr. Levant. "Otros huyen de estos sentimientos o tratan de sofocarlos."[8]

¿COMO PUEDO EVITAR LLORAR?

Cuando se necesita controlar las lágrimas, lo mejor es inspirar lenta y profundamente, combatiendo la hiperventilación que acompaña al llanto y lo intensifica. También es bueno tratar de dirigir la vista hacia otro lugar. Echar la cabeza hacia atrás ayuda a contener las lágrimas. O simplemente, dejar de mirar lo que causa nuestro llanto puede ayudar a lograr la calma.

"Llorar es una reacción normal cuando estamos tristes, gozosos o incluso, sorprendidos. Pero si nos encontramos con que lloramos repetidas veces por los mismos problemas," dice el Dr. Frey, "quizá sea necesario que se atienda la causa subyacente. Derramar lágrimas no es una solución permanente."[9]

En mi investigación sobre las lágrimas encontré un artículo sobre una mujer bombero que trabajaba en Portsmouth, Virginia.

"¿Llorar, siquiera una vez? ¡Jamás!", decía Jeanette Hentze, madre de dos hijos que hace casi tres años es bombero. Jeanette asistió a un Curso sobre Estrés en Incidentes Críticos, una técnica que ayuda a los bomberos y otros servidores que ayudan en situaciones de emergencia a manejar las presiones que supone su trabajo. "Era realmente difícil mantenerme a la par de mis compañeros varones," confesó Jeanette, "pero yo estaba decidida: tenía que demostrarles que podía hacer este trabajo sin desmoronarme."[10]

Pero ahora que ya ha probado lo que quería, dice que le parece bien, y hasta le resulta necesario, mostrar sus emociones. Recientemente, Jeanette lloró mientras volvía de un centro médico al que había llevado, junto con su compañero, a una mujer que había sufrido un ataque mientras estaba en su casa con su hijo de 12 años. "Yo nunca había tratado con un niño que había visto morir a su madre. Eso me tocó muy profundamente. Y llorando, pude dejarlo salir. Sentí que me había quitado un peso de encima." Luego agregó que pensaba que si otros de sus compañeros varones pudieran llorar, no sufrirían luego los efectos de contener durante tiempo sus emociones. Cada vez más y más hombres y mujeres estarán de acuerdo en que: "Ya basta con eso de que los que lloran son unos débiles, y deberían avergonzarse de eso. Es hora de que las lágrimas reciban el respeto que merecen."[11]

¿ES PELIGROSO PARA LA SALUD CONTENER LAS LAGRIMAS DE EMOCION?

Contener las lágrimas de manera crónica puede aumentar el estrés, incrementando así el riesgo de padecer problemas debidos a la tensión, como el insomnio y el acné. El estrés causa un cambio en la química del cuerpo. Las personas, generalmente, se sienten mejor luego de llorar. Quizá la razón del alivio que sentimos luego de llorar todo lo que sea necesario es que el llanto remueve las sustancias químicas acumuladas como consecuencia del estrés emocional.

Supongamos que una persona inhibe los sollozos contrayendo deliberadamente su diafragma, y esto se convierte en algo habitual que pasa inadvertido. Si esto sucede, el organismo perderá dos actividades: el hombre que manipula sus funciones de esta manera no podrá ni sollozar ni respirar libremente. Dado que no solloza, nunca libera su tristeza, por lo cual no puede librarse de ella. El llanto es una necesidad genuina de un organismo humano que ha sufrido una pérdida, y muchas veces la tristeza puede liberarse llorando de una vez por todas.[12]

El Dr. Erick Linderman, jefe de psiquiatría del Hospital General de Massachusetts, pionero en la investigación de la pena reprimida, habla de una joven enfermera que cuidó a su padre durante el largo invierno final de su enfermedad. Se dedicaba totalmente a él, y muchas veces contenía las lágrimas mientras lo estaba cuidando.

Cuando él murió, un amigo bien intencionado le impidió, con severidad, que mostrara su dolor, en consideración de su madre que tenía un corazón muy débil. Pocas horas después, esta joven había desarrollado un cuadro de colitis ulcerosa. Estaba corroyéndose internamente debido a su sistema nervioso. Finalmente, la joven murió... la mató el dolor reprimido que no se permitió demostrar por medio de un copioso llanto.[13]

QUE ES EL SINDROME DE LOS OJOS SECOS, Y COMO PUEDE SABER UNA PERSONA SI LO PADECE?

El síndrome de los ojos secos, conocido en el campo de la medicina como la "queratoconjuntivitis seca", es una condición marcada por un enrojecimiento de la conjuntiva, deficiencia lagrimal, engrosamiento del epitelio de la córnea (es decir, su capa más superficial), picazón y ardor del ojo, y muchas veces, una reducción de la agudeza visual.[14]

Esta afección es más común entre las personas ancianas. Una amplia variedad de afecciones viene acompañada de este síndrome. La hipofunción de las glándulas lagrimales, que causa una pérdida del componente acuoso de las lágrimas, puede ser debida a la edad, a desórdenes hereditarios, enfermedades sistémicas o al uso de drogas sistémicas y tópicas. La evaporación excesiva de las lágrimas puede deberse a factores ambientales, como un clima caliente, seco y/o ventoso. También puede ser debida a anormalidades del componente lípido de la película lagrimal. La deficiencia de mucina puede deberse a la desnutrición, infecciones, quemaduras o drogas.

El tratamiento depende de la causa. En la mayoría de los casos que son tomados con suficiente tiempo, los cambios en el epitelio de la córnea y la conjuntiva son reversibles. La deficiencia acuosa puede ser tratada reemplazando el componente líquido de las lágrimas con varias clases de lágrimas artificiales. La deficiencia de mucina puede ser compensada parcialmente con el uso del suero del paciente como gotas para los ojos.[15]

Es posible perder la capacidad de derramar lágrimas debido a una lesión. Un ejemplo es Iris Clark, de Londres, de 19 años de edad. Iris no pudo llorar de alegría cuando le informaron que había ganado un juicio por $ 33.900, ya que había sido golpeada por un camión tres años antes, y la lesión provocada en su cerebro le impedía llorar.[16]

¿PUEDE ALIVIARSE EL ESTRES LLORANDO?

El Dr. William Frey advierte que no es bueno contener lágrimas de frustración, dolor o enojo. Estas lágrimas emocionales pueden arrastrar mucho más que la pena. Pueden ayudar a aliviar el estrés, liberando al cuerpo de sustancias químicas potencialmente perjudiciales, que se producen en tiempos de estrés.[17]

Para apoyar su teoría, el Dr. Frey y sus colegas compararon las lágrimas de origen emocional con las que se producen en respuesta a una irritación ocular, como las que brotan al pelar una cebolla.

"Hasta ahora, sabemos que estas dos clases de lágrimas tienen composiciones químicas diferentes", informa el Dr. Frey. "Pero aún no hemos identificado las sustancias químicas específicas relacionadas con el estrés emocional. Sí sabemos, no obstante, que las personas se sienten mejor luego de llorar. En una investigación, descubrimos que un 85% de las mujeres y un 73% de los hombres informaban que sentían un alivio general. Por otra parte, aquellos que contienen las lágrimas pueden enfrentar un mayor riesgo de desórdenes relacionados con el estrés, como úlceras y colitis."

En un reciente experimento realizado en la Facultad de Enfermería de la Universidad Marquette, en Milwaukee, Wisconsin, los investigadores estudiaron a cien mujeres y hombres que sufrían de desórdenes relacionados con el estrés. Los mismos fueron luego comparados con cincuenta voluntarios sanos.[19]

Los médicos hallaron que quienes sufrían de úlceras y colitis eran más propensos que el grupo sano, a considerar que llorar era señal de debilidad o pérdida de control.[19]

El Dr. Frey concluye diciendo: "Me parece que las personas deben llorar si desean hacerlo. Las lágrimas emocionales son únicamente propias de los humanos, y dudo que pueda considerarse que son fruto de la casualidad o no cumplen ningún propósito."[20]

Al cerrar este capítulo, quisiera contarte algo sobre una

sesión de aconsejamiento realizada aproximadamente hace trescientos años. El consejero era un hombre de Dios; el aconsejado, un hombre atormentado por no poder llorar. El cuadro no había sido aún bautizado oficialmente como queratoconjuntivitis seca, pero el paciente tenía todos los síntomas. El comprensivo pastor no tenía a su alcance los últimos estudios médicos sobre las enfermedades oculares; simplemente buscó la respuesta en el corazón.

El reverendo Thomas Fuller era considerado uno de los hombres de Dios más sabios del siglo diecisiete. Se dice de su predicación y su ministerio que las personas se agolpaban para escucharlo como las abejas a la miel, sentándose en las calles y en las ventanas para escuchar su alentador mensaje evangélico. Devoraban sus mensajes y anhelaban recibir sus consejos.

Un joven en particular estaba preocupado porque no podía llorar. Este joven dijo al reverendo Fuller: "Por naturaleza tengo ojos tan secos que no me ofrecen lágrimas para llorar mi pecado."

Fuller, que creía que las palabras del joven eran sinceras, le contestó:

Entonces es un defecto natural, y no una falta moral, por lo cual, constituye un sufrimiento, un pecado que Dios castigue. Dios no espera que los conductos lleven agua si él no la ha puesto en la cisterna. Sabe también, que aquellos cuyos ojos son rocas, pueden tener corazones como fuentes, y quizá sangren en su interior, los que en el exterior no lloran. Además, Cristo fue enviado para predicar el consuelo, no sólo a los que lloran, sino a los que gimen en Sion. Sí, si tú no puedes extraer líquido alguno, ofrécele a Dios tus botellas vacías, en lugar de lágrimas; entrégale y presenta tus ojos a él. Y aunque tus aguas están contenidas, que no lo estén tus vientos; suspira si no puedes sollozar, y que tus pulmones hagan la obra que no logran realizar tus ojos.[21]

S E I S

UN MOTIVO PARA LLORAR

Debemos responder el llamado de Dios a las lágrimas;
con un oído, escuchar la dulce música del cielo,
y con el otro, los gemidos del infierno.

Algunas veces se me ha acusado de presentar la verdad en forma demasiado frontal. Mi osada proclamación de la Palabra de Dios se debe a que he visto ambos lados muy claramente. Admito que todos estamos en la escuela de Dios, y nadie tiene más para aprender que yo. Pero aunque no creo tener todas las respuestas, he visto lo suficiente como para poder realizar un juicio correcto.

El reino de las tinieblas fue mi terreno durante muchos años. La mayoría de mis amigos jugaban con el demonio y le entregaban sus vidas al padre de mentira. Se reían de sus bromas... hasta que se dieron cuenta de que los utilizaba a ellos para hacerlas. Hoy, muchos están en prisión; otros cayeron de cabeza en la tumba de fuego de Lucifer.

Supongo que soy culpable de inclinar el péndulo hacia un lado para ilustrar gráficamente la verdad de Cristo. En muchas reuniones al aire libre, he visto llorar a los pecadores mientras se hacía el siguiente anuncio: "Ustedes han escuchado el evangelio. Ya no tengo nada más que decir. He cumplido mi deber para con Dios y con ustedes. A partir de este momento, ya no soy más responsable por sus almas. Con lágrimas en mis ojos, me lavo su sangre de mis manos."

Naturalmente, estas palabras están basadas en la verdad que se encuentra en el libro de Ezequiel:

Hijo de hombre, yo te he pueso por atalaya a la casa de Israel; oirás, pues, tú la palabra de mi boca, y los amonestarás de mi parte. Cuando yo dijere al impío: De   cierto morirás; y tú no le amonestares ni le hablares, para que el impío sea apercibido de su mal camino a fin de que viva, el impío morirá por su maldad, pero su sangre   demandaré de tu mano. Pero si tú amonestares al impío, y él no se convirtiere de su impiedad y de su mal camino, él morirá por su maldad, pero tú habrás librado tu alma   (Ezequiel 3:17-19).

Esto puede parecerle muy duro a algunas personas, pero es un hecho. En cuanto a mí, prefiero escuchar la verdad, aunque sea dura, y vivir, que creer una mentira agradable y morir.

Desde Génesis al Apocalipsis encontramos bendiciones y maldiciones, misericordia y juicio, mal y bien, y sí, aun prosperidad y adversidad. La Biblia habla de amor por el pecador mientras condena osadamente su pecado. La Palabra de Dios habla del cielo sin prestar menos atención a su contraparte, el infierno. Escuchamos a Jesús hablar de los gozos de la vida eterna en el cielo, mientras al mismo tiempo nos advierte sobre el lloro y el crujir de dientes allá abajo.

El equilibrio es una clave de la vida cristiana; necesitamos aprender a considerar las dos cosas al mismo tiempo. Lo que puede parecerle "una palabra dura" de Dios a un cristiano, muchas veces es "palabra de Dios" para un no creyente. Los pecadores encarnizados pueden tragar mucho mejor la verdad que algunos cristianos con años en el oficio. He recibido muchos abrazos de jóvenes con los ojos llenos de lágrimas que me han dicho: "Gracias por no dejarme en paz. Necesitaba escuchar lo que usted tenía para decir. Dolió, pero era la verdad." Me han abrazado ancianos que habían estado apartados mucho tiempo del Señor, que me susurraban al oído: "Sigue predicando la verdad, hijo."

Finalmente, todos debemos enfrentarnos a los hechos. Y quizá haciendo oscilar el péndulo bien hacia arriba de un lado, podremos lograr el equilibrio en nuestros puntos de vista sobre la iglesia y el mundo.

¿Recuerdas cuando tu padre te decía: "Deja de quejarte, o te daré un motivo para llorar?" En la mayoría de los casos esto era solamente una amenaza vacía, un vano intento de acallar nuestras constantes quejas sobre pequeños problemas exagerados por nuestro egoísmo.

Ahora, imagina por un momento a nuestro Padre celestial observando desde su morada nuestro comportamiento egoísta. El está frunciendo el ceño debido a nuestras continuas quejas. Nuestro llanto de bebé ya ha cansado sus oídos. Así que, con firmeza, nos hace conocer su juicio: "Deja de quejarte. Deja que te dé un motivo para llorar."

Este Padre baja sus manos y levanta suavemente nuestras cabezas. Nuestros ojos empañados se concentran en un niño sucio, cubierto de moscas, que come algo en un basurero. Entonces nuestro Padre hace dirigir nuestra mirada hacia esa nieve manchada de sangre donde fueron masacrados pequeños, víctimas del deseo de poder del hombre. Desde allí viajamos con el Omnipresente a un contenedor de basura lleno de fetos. "Observa un poco lo que yo veo cada día", nos dice Dios. "Empápate de este salvajismo. Fija tu mirada en el sufrimiento hasta que tus ojos se pongan rojos de sangre. Haz duelo durante un minuto."

Sin una palabra más, nuestro Padre concluye mostrándonos los miles de mártires cristianos (algunos quemados vivos, otros entregados como comida para bestias feroces, todo por el amor de Cristo). Esto nos recuerda que un día nos sentaremos a la mesa junto con estos santos triunfantes. ¿Tendremos algo de qué hablar? ¿Podríamos, siquiera, iniciar una conversación con ellos? ¿Qué sucedería si surgiera el tema del sufrimiento? Comenzamos a comprender lo que el Padre quiere decirnos, y dejamos de quejarnos. Nuestro Padre hoy nos ha dado un motivo muy serio para llorar.

Muchos, hoy, están constantemente en duelo, no por la pérdida de un ser querido, sino por la casi muerte de su viejo hombre, de su viejo yo. Vivimos entre dos mundos. Nuestro dolor por lo que deberíamos estar dejando de lado en esta vida es señal segura de que no hemos entrado totalmente en la otra. Sí, queremos a Jesús, pero también nos aferramos al viejo hombre. Nuestro compromiso con Cristo está plagado de cláusulas auxiliares: "Te serviré si me das..." "Te seguiré si me permites hacer esto."

Lloramos más por la quiebra de nuestra cuenta bancaria que por el quebrantamiento de nuestro corazón. El profeta Oseas lo expresó muy bien: "Y no clamaron a mí con su corazón cuando gritaban sobre sus camas; para el trigo y el mosto se congregaron, se rebelaron contra mí" (Oseas 7:14).

La marea creciente del mal nos habla de que algo anda terriblemente mal. No estamos avanzando, no estamos conteniendo la inundación. Parece que simplemente tenemos un dedo puesto para tapar la grieta del dique, mientras las filtraciones se multiplican por todas partes. En el mejor de los casos, sólo estamos manteniéndonos.

Me pregunto: ¿Dónde está la iglesia triunfante en este tiempo de desesperación? ¿Dónde está la iglesia que derriba de un golpe las puertas del infierno? ¡Lloramos, nos quejamos y gemimos mientras cenamos con Dios y los pecadores se atragantan en la mesa de los demonios! Ensuciamos el maná que Dios nos da mientras el mundo rasguña el fondo del barril en busca de tan sólo un grano de trigo. No somos diferentes de los hijos de Israel:

...y los hijos de Israel también volvieron a llorar y dijeron: ¡Quién nos diera a comer carne! Nos acordamos del pescado que comíamos en Egipto de balde, de los pepinos, los melones, los puerros, las cebollas y los ajos; y ahora nuestra alma se seca; pues nada sino este maná ven nuestros ojos. ...Y oyó Moisés al pueblo, que lloraba por sus familias, cada uno a la puerta de su tienda; y la ira de Jehová se encendió en gran manera; también le pareció mal a Moisés (Números 11:4-6, 10).

Aún no hemos aprendido de los errores de Israel. Escucha una vez más la Palabra del Señor:

Porque no quiero, hermanos, que ignoréis que nuestros padres todos estuvieron bajo la nube, y todos pasaron el mar; y todos en Moisés fueron bautizados en la nube y en el mar, y todos comieron el mismo alimento espiritual, y todos bebieron la misma bebida espiritual; porque bebían de la roca espiritual que los seguía, y la roca era Cristo. Pero de los más de ellos no se agradó Dios; por lo cual quedaron postrados en el desierto. Mas estas cosas sucedieron como ejemplos para nosotros, para que no codiciemos cosas malas, como ellos codiciaron. Ni seáis idólatras, como algunos de ellos, según está escrito: Se sentó el pueblo a comer y a beber, y se levantó a jugar. (1 Corintios 10:1-7).

¿Podríamos dejar de lloriquear durante unos minutos? Nuestro Padre celestial quisiera que viéramos el sufrimiento a través de sus ojos.

Quisiera compartir contigo un relato tomado de la Associated Press. Mi reacción inicial al leerlo fue de incredulidad; mi segunda emoción fue una tristeza abrumadora. Este relato es un hecho real, no una fábula.

La historia relatada por esta joven era realmente extraña e increíble... tanto, en realidad, que según ella, la policía la despidió sin creerle en dos ocasiones. ... Los secretos oscuros de la familia permanecieron ocultos hasta el mes pasado (octubre de 1993), cuando los detectives recibieron un llamado de Theresa, que ahora cuenta con veintidós años de edad y vive en Utah.

Suesan fue la primera en morir. Durante una pelea, quizá ocurrida en 1982, (la señora) Cross tomó una pistola y le disparó a Suesan, su hija, en el pecho, relató Theresa. La bala se alojó en su espalda, pero la joven se recuperó sin necesidad de ayuda médica.

En 1984, cuando tenía 17 años, Suesan dijo que deseaba irse de su casa. La señora Cross estuvo de acuerdo, con una condición: Suesan debía dejar que le quitara la bala de la espalda, dijo Theresa. De esa forma, si en algún momento iba a la policía para hacer una denuncia por abuso, no tendría ninguna prueba física que lo corroborara.

El piso de la cocina funcionó como mesa de operaciones, y utilizaron whisky como anestesia. Cross extrajo la bala de la espalda de su hija con un escalpelo.

Se produjo una infección, y Suesan comenzó a delirar. Cross decidió que debían deshacerse de ella, por lo que pidió a sus hijos William y Robert que la ayudaran a sacarse de encima a su hija.

Los dos hermanos llevaron a Suesan a una distancia de unos ciento sesenta kilómetros, en la Sierra Nevada, saliendo de la carretera cerca del centro de ski de Squaw Valley. Allí la colocaron sobre el suelo, le echaron gasolina y la quemaron viva.

Sheila fue la siguiente. Durante una discusión con su madre, en 1985, Sheila recibió golpes, fue esposada y encerrada en un estrecho cuarto.

Theresa, que en ese momento tenía trece años, recuerda haber escuchado los quejidos y los gritos de su hermana, de veinte: "¡Socorro, ayúdenme!" Pero nadie abrió la puerta.

Luego de unos pocos días, los gritos cesaron, y después de una semana o algo así, el olor de carne en estado de descomposición comenzó a llenar el apartamento.

Cross pidió nuevamente a sus hijos que la ayudaran con otro viaje a las montañas, donde dejaron el cuerpo de Sheila junto a la carretera, en una caja de cartón.

El olor de la muerte había penetrado en el apartamento, y pronto la familia se mudó. Theresa dijo que entonces su madre le ordenó que prendiera fuego al apartamento; los bomberos combatieron las llamas antes de que se extendieran a los otros cuatro apartamentos del edificio... Theresa dijo que se quedó con su madre otros tres años antes de huir a los dieciséis...

El inspector (Johnnie) Smith dijo que el relato de Theresa es confirmado por las declaraciones de sus hermanos y por evidencias físicas halladas junto con los cuerpos. No hay planes de acusarla de nada, afirmó. Ahora, la joven está casada y los oficiales no divulgarán el nuevo apellido de su informante.

Theresa dijo que trató de hacer conocer su historia desde 1987, para lo cual se puso en contacto con un abogado y con dos departamentos de policía en Utah.

"Lo único que podemos deducir es que las personas a las que les relató estos hechos pensaron que su historia era tan extraña que no podía ser verídica", concluyó Smith.[1]

¿Puedes sentir el dolor de Theresa? ¿Cómo será escuchar durante toda tu vida los gritos de agonía de tu hermana mayor? ¿Cuánto tiempo tardará en desaparecer de la mente de esta joven el olor de la carne de su hermana en descomposición? ¿Quién ve sus lágrimas? ¿Hay alguien que pueda comprenderla?

Piensa en estas palabras del evangelista J. H. Jowett:

¿Acaso el clamor de la necesidad del mundo atraviesa nuestro corazón y se abre paso a través de la trama de nuestros sueños? Puedo tomar el periódico, que muchas veces es verdaderamente una copa rebosante de horrores, y hojearlo mientras tomo el desayuno, sin sentir la menor punzada arruinando mi fiesta. ¡Me pregunto si alguien que sea tan inconmovible puede ser alguna vez siervo del Señor sufriente!... Mis hermanos, no sé cómo un servicio cristiano puede ser fructífero si no ha sido primeramente bautizado en el espíritu de una compasión por el sufrimiento.[2]

Algunas veces me pregunto qué será necesario para hacer que despertemos de nuestro adormecimiento. ¿Tiene que ser nuestra hija la que sea violada y asesinada a la salida de la universidad? ¿Tienen que ser nuestro padre o nuestra madre los que sean maltratados por una enfermera en un hogar de ancianos? ¿Tendremos que recibir un llamado informándonos que los miembros de nuestra familia han sido masacrados en un restaurante? ¿Esperaremos hasta que sea nuestro hijo el que sufra abuso en una guardería para llevar esta carga ante el Señor? ¿Qué será necesario para que llegue a afectarnos?

Quizás has notado que los directores de muchos programas han sido verdaderas víctimas de aquello contra lo cual están luchando. Lamentablemente, eso es lo que muchos cristianos necesitan para despertar. Pero no tiene porqué ser así.

Toma cualquier periódico. Enciende el televisor y mira un noticiero. La madre de Theresa y sus hermanos son solamente actores en el escenario de una obra que se ha convertido en una locura. Los guiones han sido arrancados y rotos en pedazos; todo vale. Tratamos de comprender; nos metemos en lo profundo del corazón humano; buscamos hasta cansarnos; y salimos igual de vacíos.

Este debe de ser el motivo por el cual Pablo habla del "misterio de la iniquidad". "Porque ya está en acción el misterio de la iniquidad" (2 Tesalonicenses 2:7). Los misterios son difíciles de descubrir; son enigmas. Y el hecho es que vivimos rodeados de una nube de misterios sin resolver. ¿Por qué los hombres hacen lo que hacen y luego lo cubren? No hay temor de Dios en sus ojos.

Quisiera relatarte un sueño muy gráfico que me fue dado por el Señor. No puedo disculparme por lo que sigue. He escrito esta historia tal cual la recibí, con vívidos detalles. Las lágrimas caían de mis ojos mientras la realidad de esta historia me cortaba como el filo de un cuchillo. Estaba viendo una imagen muy clara de la iglesia, y ahora soy responsable de compartirla.

Yo estaba dentro de un comercio, en el cual había unos veinticinco empleados, hombres y mujeres, distintas personas, trabajando duramente cada uno en sus propias tareas.

Este comercio en particular estaba bullendo de actividad. El teléfono sonaba constantemente, y un río de gente entraba y salía. Todos estaban trabajando diligentemente en sus ocupaciones, cuando de repente la puerta se abrió de un golpe.

Allí, de pie junto a la puerta, había un hombre enorme, imponente, de más de dos metros de altura. Entró y se ubicó como una estatua junto a la entrada. Nadie se dio por enterado.

Mirar a sus ojos era como estar frente a frente con la muerte. Me miró fijamente a los ojos, pero ni siquiera parpadeó. En ese momento supe que estaba en ese cuarto solamente como testigo, incapaz de hacer nada. El me dirigió una mirada fiera, como la de alguien que está acostumbrado a la ley de la calle. De su rostro endurecido partía una mirada congelada que quedaría para siempre grabada en mi memoria. Evidentemente estaba muy airado.

El hombre permaneció inmóvil. Sus ojos feroces recorrían el salón como buscando un rostro familiar... alguien a quien atacar. Entonces comenzó el horror. El gigante levantó su pie izquierdo y lo dejó caer con un golpe sobre el suelo, que se sacudió. Nadie se movió. Paralizado, vi que los empleados ni siquiera se daban cuenta de lo sucedido.

Entonces el hombre levantó su pie derecho y con él golpeó el suelo. Nuevamente hubo una sacudida. Sin darse cuenta aún del anuncio de la llegada del gigante, los empleados continuaron trabajando.

Este hombre tenía en la mano izquierda una bolsa de papel. La abrió y sacó una botella de whisky. Luego levantó la botella sobre su cabeza y se empapó el rostro. En segundos, su rostro entero estaba cubierto de licor que le llenaba la boca y se derramaba sobre su barbilla. Su frente estaba cubierta y obviamente su visión se había vuelto borrosa por el líquido que le estaría quemando los ojos.

Una vez que la botella estuvo vacía, el hombre comenzó a sacudir la cabeza violentamente, de atrás adelante, con su largo cabello empapado de alcohol, cortando el aire y salpicando de licor por todos lados. Nadie lo notó; nadie se movió.

Entonces el gigante metió su mano en el bolsillo izquierdo y sacó un enorme cuchillo plateado, de carnicero. El filo del cuchillo brilló cuando lo levantó sobre su cabeza. Mientras seguía recorriendo con los ojos el salón, el hombre lanzó un alarido que atravesó el aire. Ese grito de muerte sacudió el edificio. Finalmente, así, captó la atención de todos.

Los empleados lo vieron y se sintieron muy mortificados. Se quedaron inmóviles, como si estuvieran paralizados por su presencia. El gigante se acercó velozmente a la mujer más próxima, la arrojó al suelo, le puso el cuchillo en la garganta y gritó: "Si alguien se mueve, esta mujer está muerta." Luego la violó.

Entonces el gigante distinguió a uno de los empleados varones. Era un hombre grande, pero se veía asustado como un niñito. El gigante lo aferró, lo arrojó de cara al suelo y gritó: "Si alguien se mueve, le cortaré el cuello." Luego lo violó. Los otros empleados se quedaron con las cabezas inclinadas, profundamente avergonzados.

El gigante se acercó a otra mujer y la violó. Luego hizo lo mismo con otro hombre. La pesadilla continuó hasta que la mitad de la gente que estaba en el comercio había sido violada. La otra mitad de la gente estaba de pie, inmóvil, llorando. ¡Esto no puede estar sucediendo! Los que habían sido abusados gemían retorciéndose sobre el suelo, como animales heridos.

El hombre ignoraba por completo mi presencia, así que aproveché el momento y me escabullí por la puerta de entrada.

Pocos minutos después volví con un escuadrón de SWAT de la policía local. Nunca olvidaré lo que allí sucedió.

El comercio se había convertido en un campo de batalla. En el suelo yacía una docena de víctimas de guerra. De pie, rodeándolos, otros tantos, en estado de shock. No había ningún muerto, pero todos estaban sufriendo horrores. Los rostros expresaban tremendos traumas emocionales. Hombres grandes se aferraban unos a otros como niños, abrazados.

El jefe del escuadrón de SWAT gritó: "¡Usted, vamos, deténgase! ¡Baje el arma!" Ante mis ojos que lo contemplaban atónitos, el hombre-bestia se volvió, dejó caer los brazos y su fiera expresión se calmó. En pocos segundos, la atmósfera había cambiado. El escuadrón de SWAT lo esposó y se lo llevó. No hubo lucha; sólo una rendición completa. La violenta pesadilla había terminado.

Salí a ver el patrullero para echar una última mirada a ese hombre que había desatado el infierno sobre tantas vidas inocentes. El miró en dirección a mí y nuestros ojos se encontraron. Su mirada me atravesó el alma. Entonces, el gigante soltó la más odiosa risotada, como diciendo: "Ya me he divertido y nadie pudo detenerme. Míralos ahora. Ni siquiera pueden levantarse del suelo. Están sangrando y agonizando en su vergüenza."

Mi esposa se quedó inmóvil cuando le relaté este sueño por primera vez. Mi propio espíritu estaba conmocionado. Sabía que debía de existir alguna interpretación. Jeri me dijo que oraría, y yo fui a mi cuarto de oración para buscar al Señor.

Yo deseaba una respuesta. Solo, en ese lugar secreto donde tantas veces Dios me había hablado, esperé la interpretación. Con un pequeño grabador en mi mano, oré: "Jesús, sé que tú has hablado, pero no te comprendo por completo. Por favor, habla, Señor. Dame la imagen completa. Quiero comprenderla claramente, para saber lo que tu Espíritu le está diciendo a la iglesia."

La respuesta llegó. El Señor me dijo: "Esteban, ese comercio que viste es lo que todos perciben como mi iglesia. Tú estabas allí adentro sólo para ver la escena... por eso nadie se dio cuenta de tu presencia. La actividad de los empleados representa el trabajo y las muchas ocupaciones del ministerio. Todos están atrapados en su pequeño mundo. La monotonía se ha instalado en medio de ellos. Viven como hipnotizados por la rutina de la vida cristiana. Ese hombre alto y corpulento que viste es Satanás, el hombre fuerte."

Entonces comenzaron mis preguntas: "¿Por qué por la puerta principal, Señor? ¿Por qué no por la de atrás? Siempre nos han enseñado que el diablo se escurre por la puerta trasera." El Señor me respondió: "Ha entrado por la puerta principal y ha plantado firmemente sus pies en la iglesia. Durante siglos ha estado trabajando desde afuera y desde adentro. Ahora está directamente adentro." ¿Qué significaba el hecho de que hiciera sonar sus pisadas con tanta fuerza?

"Cuando el sonido de sus pies se extendía por el edificio, eso representaba las muchas y grandes devastaciones que han ocurrido en la iglesia en los últimos años. El enemigo ha hecho mucho ruido. Las sacudidas, el peligro, deberían haber sido obvios para todos. Pero nadie lo notó realmente. Nadie cambió."

Los detalles fueron develándose en el mismo orden en que los eventos se sucedieron en el sueño. La botella de whisky, levantada sobre su cabeza y derramada, significaba el derramamiento de suciedad en estos últimos días. El hecho de salpicar a su alrededor con ese venenoso líquido representaba la saturación del mal. Todos serán afectados. A medida que la interpretación se desarrollaba, recordé el pasaje bíblico: "...en los cuales el dios de este siglo cegó el entendimiento de los incrédulos" (2 Corintios 4:4). ¡Su líquido ha cegado esos ojos! El derramamiento del whisky en sus ojos, en su boca y en toda su cabeza significaba el mal en completo estado de descontrol.

Pocos podrían negar que estamos experimentando un derramamiento del mal, en esta parte final del siglo, como raramente ha visto el mundo. Ningún país ha estado exento de de las viles y odiosas atrocidades de Satanás. Pero aun mientras estamos en medio de ese bautismo de inmundicia, seguimos negando a Dios.

El brillante cuchillo de carnicero significa el arsenal de armas de Satanás. No es solamente agudo y filoso, sino hábilmente utilizado. El hecho de levantar el cuchillo por sobre su cabeza para que todos lo vean representa cuán impunemente obra el diablo en muchas formas, pero nadie lo nota. ¡La iglesia no está consciente de sus maquinaciones!

El se ha filtrado como un ángel de luz y anda rondando como ángel de la muerte. Ha entrado como maestro de la verdad y ha retorcido nuestras mentes como padre de mentira que es. Ha rodeado con un brazo amistoso a los creyentes para apuñalarlos como un desalmado pocos minutos después. Ha prometido luz, risa y vida, pero entrega oscuridad, depresión y muerte.

Luego vino el grito. Este era el grito de guerra del enemigo. El ha sacado todas sus armas, y le ha ordenado a su ejército robar, matar y destruir. ¡Estamos en guerra!

Pero, ¿qué de la violación, Señor? ¿Por qué actos de perversión sexual tan horrendos? ¿Por qué tanto dolor y humillación?

La respuesta me llegó claramente: "El acto de violación es la experiencia más humillante que puede vivir una mujer o un hombre. Piensa en esos hombres espirituales que alguna vez fueron grandes soldados en mis filas. En el ámbito espiritual, han sido sodomizados: arrojados al suelo, rostro contra el suelo, han abusado de ellos. Parecían indefensos bajo las garras y las amenazas del enemigo. Han sido totalmente destruidos. Su ministerio ha terminado; ni siquiera pueden levantarse. Muchos eran siervos míos escogidos. No reconocieron su aparición, no escucharon su grito de guerra, totalmente ajenos a sus acciones. Finalmente, cayeron ante las viles maniobras del enemigo."

Finalmente, le pregunté sobre el escuadrón de SWAT.

"Son los hombres y mujeres justos de Dios. Son mi remanente. Son aquellos que hacen sonar la trompeta en Sion, los que no han doblado sus rodillas ante Baal. Tienen poder sobre el enemigo en el nombre de Jesús."

Todo me pareció tan claro entonces... claro como el agua. ¡El hombre fuerte se había rendido sin luchar porque sabía a quién representaba ese escuadrón! "...mayor es el que está en vosotros que el que está en el mundo" (1 Juan 4:4). El Señor tiene un pueblo que sabe cómo luchar. Ellos reconocen al enemigo y lo llevan cautivo en la autoridad del nombre de Dios.

Ahora unamos las historias y el sueño. Los pecadores han sido envueltos en una red de maldad. Están ahogándose en un oscuro mar de condenación. Se despiertan gritando, jadeando para encontrar el aliento, en medio de la noche: "¡Socorro, me ahogo!" Las mentiras los han tragado. Han tragado cientos de litros de agua contaminada. Todos, desde la religión tradicional, con sus reglas, libros de autoayuda y soluciones en tres etapas, hasta el veneno que se transmite por las ondas aéreas, les han quitado las fuerzas.

Exhaustos luego de haber intentado nadar, comienzan a rendirse. No sirve de nada; vuelven a hundirse, por tercera vez. Sus manos golpean violentamente la superficie, tratando de levantar la cabeza para respirar. Pero se ahogan; todo se ve borroso. La ceguera los invade.

Entonces, justo cuando toda esperanza los ha abandonado, sus ojos borrosos e inyectados en sangre alcanzan a atisbar un barco que pasa. ¿Podrá ser? ¡Dios ha escuchado sus gritos! "¡Socorro!", claman. "Arrojen un salvavidas. ¡Me muero!" Pero gritan en vano.

¿Escuchas los gritos sofocados de Sheila detrás de la puerta cerrada? Antes de que fuera encerrada hasta morir, su rostro hablaba claramente de la destrucción y muerte que había visto, pero nadie lo notó. Había estado deteriorándose mucho antes de entrar a ese cuarto que resultó su tumba.

Lastimosa, trágicamente, los gritos emitidos en la oscuridad caen en oídos sordos. ¿Por qué? ¡Porque los santos están navegando en un mar de hiperactividad! Su situación es peor que la del pecador que se hunde. Están demasiado mareados como para salvar a alguien, así que, ¿cómo podrán arrojar un salvavidas? Están echados, boca abajo, en la cubierta del crucero. Ni siquiera pueden ponerse de pie. Se retuercen en el suelo, agonizando. Ellos también están pidiendo ayuda. Sus estómagos se revuelven como en un infierno sin fin.

Han llegado a esta horrible situación porque han bebido de pozos contaminados y han comido carne de demonios. Su vida es tan inestable como el agua, y son llevados de aquí para allá por todo viento y ola de doctrina. Los santos están mareados, y el ruido les causa náuseas. Desean ayudar, pero no pueden moverse. Sus cuerpos rechazan no sólo el alimento, sino al impío que intenta dárselo. Finalmente, se inclinan sobre el borde y vomitan la carne contaminada, sin digerir, en el mar de la vida.

Los inconversos, que nada sospechan, son salpicados por la inmundicia que cae. Los que claman por un salvavidas reciben vómitos.

¿Quién es esa que está clamando por ayuda allá? ¿Es la señora Cross, cuando era adolescente? La madre asesina fue alguna vez una adolescente en problemas. Está pidiendo desesperadamente un salvavidas, pero nadie la escucha.

El olor de lo enfermo ha permeado las fosas nasales de los no creyentes, y ahora ellos huyen de su hedor. "¡Salgan de aquí, y llévense a su Dios con ustedes! Si esto es lo que él les hace a ustedes, entonces no quiero tener nada que ver con él!"

No es un sueño: es real. La mayoría de los cristianos no pueden ir al rescate de los pecadores que agonizan porque están sacudiéndose en su propia pesadilla.

Esto me recuerda una charla de inspiración que tuve en un viaje reciente a Moscú. Surgió el tema del estudio bíblico, y yo estaba explicando mi método para estudiar la Palabra de Dios y cómo ésta ha cobrado vida para mí.

En forma totalmente inesperada, un hombre pronunció esta frase hueca: "Usted nunca comprenderá la Palabra de Dios a menos que comprenda bien el griego y el hebreo. La traducción inglesa de la Biblia no es una interpretación exacta de la Palabra de Dios."

Este hermano obviamente estaba fuera de lugar, ya que se inmiscuyó en nuestra conversación sin ser invitado. No pude evitarlo... lo miré con disgusto. Mi mente recordó rápidamente los cientos de cristianos que he conocido, que dicen tener todo el conocimiento pero nunca han llegado al conocimiento de la verdad. Dicen que han alcanzado el poder de la Palabra de Dios, pero nunca han orado para que alguien se sane. Dicen conocer las cinco técnicas de la evangelización, pero no han llevado a nadie al Señor personalmente en años. Son expertos en la oración, pero no oran. Dicen conocer al Señor pero se encuentran sin ningún poder cuando se los confronta con aquellos que son poseídos por demonios. Pasan toda una vida agonizando por cada doctrina y traducción de la Biblia cuando cualquier persona podría salvarse escuchando Juan 3:16 en cualquier versión.

En conclusión, todos debemos responder al llamado de Dios, y cuando lo hacemos, debemos buscar el equilibrio. Con un oído debemos escuchar la dulce música del cielo; con el otro, los clamores del infierno. Mientras cantamos en adoración "Tengo una mansión en el cielo", también debemos recordar cantar "Ven conmigo a la casa de mi Padre".

William Booth, fundador del Ejército de Salvación, lo resumió aconsejando:

Cuida a tu gente. No digo que los hagas sentir cómodos, mimados, y que alientes a los viejos miembros que nunca hacen nada... ¡No! ¡Sacude su cuna! Haz que comprendan que la verdadera piedad es benevolencia práctica, y que deben convertirse inmediatamente en seguidores de Jesús, y seguir una vida de sacrificio propio para hacer el bien y salvar las almas, o dejar de lado toda esperanza y el título de cristianos.[3]

Mi oración es que cada creyente sienta que su cuna está sacudiéndose. Debemos despertarnos y llorar. Debemos ver a través de los ojos del Padre. El nos destetará de nuestras quejas y molestias... y nos dará, verdaderamente, un motivo para llorar.

S I E T E

L L O R A N D O   L A
P A L A B R A

La Biblia fue escrita con lágrimas
y a las lágrimas entregará su mejor tesoro.
Dios no tiene nada que decir al hombre frívolo.
- A.W. Tozer

Mark Twain dijo: "A la mayoría de las personas le preocupan los pasajes de las Escrituras que no comprenden, pero los que me preocupan a mí son los que sí comprendo."[1]

En realidad, la Biblia es clara como el agua en lo relativo a las lágrimas. La Biblia revela al menos siete causas básicas por las cuales llorar. Contiene más de setecientas referencias al llanto, al lloro, las lágrimas y al gemir. Debido a la enorme cantidad de datos, he categorizado este capítulo en siete secciones, cada una de las cuales detalla una clase o causa de llanto en las Escrituras. Creo que es importante conocerlas, ya que cuando interpretamos correctamente el origen de esta fuente de lágrimas, develamos los misterios del alma.

Jesús, en el día de su resurrección, formuló a María una pregunta muy dura: "Mujer, ¿por qué lloras?" (Juan 20:15). Nosotros también debemos aprender a formular esta pregunta cuando alguien está llorando ante la tumba de una experiencia religiosa. Y debemos escuchar lo que esta persona nos dice entre lágrimas y responderle.

Antes de pasar a las siete causas o clases de llanto que se encuentran en la Biblia, quisiera destacar cinco razones por las que hombres, mujeres y niños lloran en nuestros cultos evangelísticos. Estas cinco razones son:

1. Las personas sienten una culpa abrumadora por su condición pecaminosa expuesta a la luz por la presencia de Jesucristo.

2. Las personas sienten un gozo sobreabundante al ser abrazadas por su Padre celestial. Al experimentar su tierno amor y su misericordia, fluyen las lágrimas. Su paz que sobrepasa todo entendimiento y el testimonio interior de que él tiene todo bajo control las hace llorar.

3. Sus prácticas e indulgencias para consigo mismos los han llevado a un punto de deterioro tal que se encuentran totalmente destruidos, tocando fondo.

4. Sienten una convicción visceral de que han desperdiciado sus vidas y han contristado al Señor, y ahora desean hacer las cosas bien, cueste lo que cueste.

5. Llegan a la devastadora conclusión de que un día se encontrarán ante el gran trono del juicio y serán enviados al infierno.

Al predicar la verdad a distintos grupos de personas en todo el mundo, hemos visto de todo, desde guerreros de las lágrimas hasta estoicos que no pueden evitar los sollozos. La predicación de la Palabra del Señor, marcada con lágrimas, atraviesa la parte más profunda del ser humano, y trae a la superficie su verdadero estado espiritual. Se ha dicho que la Palabra de Dios es su carta de amor personal para los cristianos; yo agregaría que también es un telegrama escrito con lágrimas para los guerreros desviados, un fax ferviente para aquellos que han caído o han fracasado.

La solemne verdad es que hemos sido llamados a llorar. El profeta Isaías expresa esta poderosa verdad: "Por tanto, el Señor, Jehová de los ejércitos, llamó en este día a llanto y a endechas, a raparse el cabello y a vestir cilicio; y he aquí gozo y alegría" (Isaías 22:12, 13).

El Señor nos ordena: "Gozaos con los que se gozan; llorad con los que lloran" (Romanos 12:15). Hay ocasiones en que deberíamos ser como los imponentes robles de Basán, y soportar firmemente la acción de las fuerzas de la naturaleza. Pero en otras ocasiones deberíamos ser como los sauces llorones a las orillas de los ríos de Babilonia, y permitir que nuestras ramas se doblen humildemente hacia la tierra.

George Gilfillan, en su libro The Bards of the Bible (Los Bardos de la Biblia), comparte sus ideas sobre las distintas personas que han llorado en la Palabra:

Las lágrimas de Pablo lograban lo que sus estallidos, su ciencia y su lógica no podrían haber logrado tan rápidamente. Tan grande como la diferencia entre un hombre y otro es la diferencia entre una lágrima y otra. Las lágrimas de Isaías deben de haber sido de fuego, brillando como un arco iris ante su genio; las de David deben de haber estado mezcladas con sangre; las de Jeremías seguramente fueron copiosas y suaves como las de una mujer; las de Ezequiel, salvajes y terribles. De las de Jesús, qué podríamos decir, excepto que la gloria de su grandeza y la docilidad de su mansa humanidad seguramente se encontraban en cada gota. Y las de Pablo, sin duda, eran lentas, silenciosas y enormes, como su profunda naturaleza. Un Pablo demasiado orgulloso para derramar lágrimas jamás habría dado vuelta el mundo. Debemos destacar lo amable de ese corazón escondido bajo el esplendor refulgente de su genio.[2]

EL LLANTO EN LA PALABRA

Ahora examinemos las referencias a las siete clases o causas de llanto que encontramos en la Palabra. Ten en cuenta que esto es sólo el comienzo de un estudio de las Escrituras sobre este tema. De ninguna manera quisiera que consideres estas páginas siguientes como un estudio exhaustivo.

1. RECORDAR EL PASADO

"Junto a los ríos de Babilonia, allí nos sentábamos, y aun llorábamos, acordándonos de Sion. Sobre los sauces en medio de ella colgamos nuestras arpas. Y los que nos habían llevado cautivos nos pedían que cantásemos, y los que nos habían desolado nos pedían alegría, diciendo: Cantadnos algunos de los cánticos de

Sion. ¿Cómo cantaremos cántico de Jehová en tierra de extraños?" (Salmo 137:1-4).

En este pasaje encontramos a los hebreos transplantados meditando sobre las maravillas del Señor. Una vez, ellos vivieron gozosamente en la belleza de su tierra natal. Recordaban haber bebido del fruto de la vid mientras se relajaban bajo la sombra de un árbol. Su corazón agradecido entonaba dulces canciones del cielo. Con sus arpas glorificaban a Dios, y con sus labios le daban alabanza. Pero ahora la canción ha cambiado. Se hallan rodeados por el enemigo en una tierra extraña. Sentados junto a los ríos de Babilonia, sus captores les piden que canten una melodía, pero ellos no pueden hacerlo. "¿Cómo cantaremos cántico de Jehová en tierra de extraños?", contestan doloridos.

Recuerdo muchas conversaciones con cristianos apartados antes de entregarle mi vida al Señor. Muchas veces, mientras estábamos bajo los efectos del alcohol, surgía el tema del cristianismo. Al recordar los gozos de la "vida pura", las lágrimas brotaban de los ojos de los apartados. Varias veces escuché algo así como: "Recuerdo lo que era ir a dormir teniendo paz en mi corazón. No sabes lo que es cantar y adorar con una conciencia limpia. No hables mal de Jesús. Yo vivía para él, y era maravilloso."

Pero antes de que el santo harto del pecado comenzara a entonar tristes canciones, yo cambiaba rápidamente de tema, animándolo a ahogar su pena con otro vaso de cerveza. ¿Cómo podía esperar que cantara el cántico del Señor si vivía en cautividad?

Una clásica historia sobre esta situación de estar hartado del pecado se encuentra en Números 11. Aquí encontramos la historia de los hijos de Israel vagando en el desierto. Quizá conozcas los detalles de esta historia. Los hijos de Israel parecían estar ciegos mientras experimentaban la más increíble liberación. Se quejaban mientras levantaban el maná del suelo. Nada los satisfacía; lloraban como bebés con diarrea. Así que la ira del Señor se encendió contra ellos, y sus quejas y críticas hicieron que descendiera fuego del cielo.

"¿Qué haré?", clamó Moisés, su justo líder. "¡Ellos vienen a llorar ante mí!" Moisés lo tomó como algo personal:

¿Por qué has hecho mal a tu siervo? ¿y por qué no he hallado gracia en tus ojos, que has puesto la carga de todo este pueblo sobre mí? ¿Concebí yo a todo este pueblo? ¿Lo engendré yo, para que me digas: Llévalo en tu seno, como lleva la que cría al que mama, a la tierra de la cual juraste a sus padres? ¿De dónde conseguiré yo carne para dar a todo este pueblo? Por que lloran a mí, diciendo: Danos carne que comamos. No puedo yo solo soportar a todo este pueblo, que me es pesado en demasía. Y si así lo haces tú conmigo, yo te ruego que me des muerte, si he hallado gracia en tus ojos; y que yo no vea mi mal (Números 11:11-15).

Durante siglos, ¿cuántos fieles siervos del Señor han clamado como Moisés? ¿Cuántos pastores, hombres de Dios, han hecho todo lo posible por ayudar a su congregación, sólo para encontrarse nadando en el mar de quejas y murmuraciones de su pueblo?

Pues, bien, ¡los hebreos recibieron su carne! Según los historiadores, la menor cantidad recogida por cada persona fue diez gomers, o sea más de 4.500 Kg. por persona! (v.32). Su rebelión los llevó a la codicia, la codicia a la autoindulgencia, la autoindulgencia a la muerte. Lo mismo sucede hoy, cuando actuamos como bebés insatisfechos en épocas de sufrimiento.

La muerte, la desesperación y la depresión provocaron ataques de rebelión en los hijos de Israel. El sol del desierto había cegado sus ojos. Lloraban y se quejaban por el estilo de vida que habían dejado en Egipto. Y lo mismo sucede con muchos cristianos en la actualidad. Satanás nos coloca un espejismo ante los ojos en nuestro viaje por el desierto. Nos hace ver claramente las delicias carnales de los años pasados, mientras esconde hábilmente los sufrimientos de la esclavitud. Nos convencemos de que esos tiempos pasados fueron los mejores. Comenzamos a recordar con nostalgia y nuestros ojos se llenan de lágrimas.

Muchos de nosotros estamos mendigando por una sobra espiritual en las esquinas. Antes ardíamos de pasión por Dios, pero ahora estamos tibios. Nuestro rostro entristecido habla de pobreza y desesperación, pero debajo de eso hay engaño y pereza. Lo único que deseamos es una salida rápida. Cuando nuestro pastor pasa a nuestro lado, agitamos el jarro. Disgustado, él echa dentro otra verdad del evangelio y se pregunta cuándo será el día que este pobre mendigo se levante y trabaje. "¿Qué más tiene que hacer Dios por ti?", se pregunta enojado. Sabe que somos chiquillos de la calle, esperando complacientes que un hombre nos regale un mendrugo de pan, cuando Dios tiene preparada una fiesta para nosotros.

¿Cuándo dejaremos de quejarnos, limpiaremos nuestras lágrimas de bebé y enfrentaremos la situación? ¿Cuando dejaremos caer el jarro de lata y correremos tras el Señor? Todas nuestras quejas y críticas provocarán la aparición de la misma cualidad paternal de Dios que cayó sobre los hijos de Israel. Ellos querían una fiesta y les resultó un incendio; sus murmuraciones se convirtieron en gemidos de dolor. Como dijera el comentarista inglés Matthew Henry: "No es la pobreza, sino el descontento, lo que hace infeliz a un hombre."

El salmista David se quejó delante del Señor: "Ten misericordia de mí, oh Jehová, porque estoy en angustia; se han consumido de tristeza mis ojos, mi alma también y mi cuerpo. Porque mi vida se va gastando de dolor, y mis años de suspirar; se agotan mis fuerzas a causa de mi iniquidad, y mis huesos se han consumido" (Salmo 31:9, 10). David sabía lo que era comparar su situación actual con los deleites vividos en el pasado. Alguna vez había caminado en el gozo del Señor, pero luego se hundió en la maldad. Las lágrimas eran su medio de expresión.

Pedro derramó lágrimas amargas cuando comprendió la espantosa realidad de su pecado. "Y el gallo cantó la segunda vez. Entonces Pedro se acordó de las palabras que Jesús le había dicho: Antes que el gallo cante dos veces, me negarás tres veces" (Marcos 14:72). "He traicionado al Señor", pensó. Y llorando amargamente, salió. Estas son las lágrimas con las que recordamos los días pasados. Y mientras estamos en nuestra situación de rebelión, apartados de Dios, nos acordamos de él. "Me acordaba de Dios, y me conmovía", confiesa el salmista (Salmo 77:3).

2. EN UN PUNTO DE ABATIMIENTO TOTAL

Este es el valle de Baca (literalmente, el valle de lágrimas, ver Salmo 84:6). Es el lugar de sequía espiritual que todos hemos experimentado. Probablemente se trate de un nombre alegórico otorgado a una experiencia en vez de un lugar real, de la misma manera que se habla del "valle de sombra de muerte". Pero, no obstante, el pozo se ha quedado sin agua, y nuestra lengua está seca. Estamos destituidos, anhelando llegar a un oasis espiritual: "Bienaventurado el hombre que tiene en ti sus fuerzas, en cuyo corazón están tus caminos. Atravesando el valle de lágrimas lo cambian en fuente, cuando la lluvia llena los estanques" (Salmo 84:5, 6).

Este es un lugar de abatimiento total en nuestras vidas. Es cuando llegamos a tocar fondo; cuando la presión del mundo nos sofoca por todos lados; cuando los dolores del ministerio caen sobre nuestra cabeza; cuando si Dios no se mueve, nada más se moverá.

El llanto es profundo, desesperado y sincero. Es motivado por una fe visceral en Jesús, a pesar de las circunstancias. "¡Ayúdame, Jesús! ¡Levántame!" Las lágrimas fluyen como un río. "Señor querido, si tú no extiendes tu mano y me levantas, todo ha terminado." Es el llanto del hombre que agoniza, el gemido del peregrino exhausto, la sacudida de un alma que se ahoga. ¡Es el llanto por la vida!

Una amiga mía a la que llamaremos Mary se crió en un hogar violento y alcohólico. Mary recuerda haber pasado un tiempo de privaciones espirituales. "Yo había perdido todas las esperanzas, la autoestima, las ambiciones", relata. "La amargura y el dolor iban creciendo a medida que los meses se convertían en años. Entonces, mientras estaba en esa situación de rebelión, mi esposo me llevó a la iglesia. Lloraba en cada culto al que asistía, y no sabía porqué. Las lágrimas empañaban mi visión y mojaban mi rostro. Entonces Dios comenzó a curar mis heridas y a liberarme."

La mayoría de nosotros recordamos a David cuando alguien nos habla de arrepentimiento con lágrimas. El rey escribió:

"Me he consumido a fuerza de gemir; todas las noches inundo de llanto mi lecho, riego mi cama con mis lágrimas. Mis ojos están gastados de sufrir; se han envejecido a causa de todos mis angustiadores. Apartaos de mí, todos los hacedores de iniquidad; porque Jehová ha oído la voz de mi lloro" (Salmo 6:6-8).

Son tiempos en que uno se somete a una dieta salada de lágrimas. El salmista dice: "Fueron mis lágrimas mi pan de día y de noche" (Salmo 42:3). Realmente, las lágrimas son el pan de los que se lamentan.

Los momentos de ternura con Jesús muchas veces se ven inundados de lágrimas de arrepentimiento. Estas, a su vez, son seguidas de lágrimas de exaltación y luego, de gozo. La corriente de las lágrimas corre burbujeante desde Génesis a Apocalipsis, algunas veces, convertida en potente río.

En el Salmo 107 escuchamos al pueblo de Dios lamentándose ante el peligro y clamando a Dios por liberación. Las palabras son similares a las del patriarca Job: "Mi rostro está inflamado con el lloro, y mis párpados entenebrecidos, a pesar de no haber iniquidad en mis manos, y de haber sido mi oración pura" (Job 16:16, 17).

Cuando Job pronunció estas palabras, estaba en el valle de sombra de muerte. Y es aquí que también hallamos a Oseas clamando y reclamando al Señor: "...lloró, y le rogó" (Oseas 12:4).

La profetisa Hulda pronuncia palabras de consuelo para quienes se hallan en este lugar de total abatimiento: "Por cuanto oíste las palabras del libro, y tu corazón se conmovió, y te humillaste delante de Dios al oír sus palabras sobre este lugar y sobre sus moradores, y te humillaste delante de mí, y rasgaste tus vestidos y lloraste en mi presencia, yo también te he oído, dice Jehová" (2 Crónicas 34:26, 27).

3. CUANDO HA TRIUNFADO EL ENEMIGO.

"Mas si no oyereis esto, en secreto llorará mi alma a causa de vuestra soberbia; y llorando amargamente se desharán mis ojos en lágrimas, porque el rebaño de Jehová fue hecho cautivo" (Jeremías 13:17).

Durante tiempos como éstos, la orden del Señor es clara: "Despertad, borrachos, y llorad; gemid, todos los que bebéis vino, a causa del mosto, porque os es quitado de vuestra boca" (Joel 1:5).

"Por esta causa lloro; mis ojos, mis ojos fluyen aguas, porque se alejó de mí el consolador que dé reposo a mi alma; mis hijos son destruidos, porque el enemigo prevaleció" (Lamentaciones 1:16).

A nadie le gusta perder. Hace poco hablé en una reunión de estudiantes secundarios de los Atletas Cristianos, en Ohio. El Señor había puesto este tema en mi corazón: "Estamos perdiendo." Esa escuela en particular tenía más de 2.000 alumnos, y sólo un pequeño porcentaje eran cristianos. Muchos de los atletas cristianos presentes en esa reunión estaban quebrantados por el hecho de que el victorioso equipo de Dios estaba, en realidad, sentado a los costados del campo, dejando que el enemigo hiciera estragos en los equipos. "¿Dónde está el ejército de Dios?", pregunté. "¿Dónde está nuestro extraordinario Dios? ¿Quién está asaltando las puertas del infierno?"

El quebrantamiento que siguió llevó a muchos de esos jóvenes soldados a las primeras líneas de batalla. Más tarde uno me relató las increíbles victorias que había visto al comenzar a compartir el evangelio con sus amigos que no eran salvos.

La Biblia dice: "Entonces subieron todos los hijos de Israel, y todo el pueblo, y vinieron a la casa de Dios; y lloraron, y se sentaron allí en presencia de Jehová, y ayunaron aquel día hasta la noche; y ofrecieron holocaustos y ofrendas de paz delante de Jehová" (Jueces 20:26). Esa casa de Dios es el lugar donde Dios mora. Durante estos tiempos de aparente derrota debemos acercarnos a Dios; debemos seguir esforzándonos. El río de nuestras lágrimas debe llevarnos al puerto de su voluntad.

Como David, al observar la destrucción dejada por los amalecitas, también nosotros debemos levantar nuestra voz y llorar, hasta que no nos queden fuerzas para hacerlo (ver 1 Samuel 30:1-8). Luego de llorar un buen rato, debemos ponernos de pie y luchar. Debemos poner nuestros afectos en las cosas de arriba. Nuestras metas deben ser las metas de Dios. Nuestras posesiones, herramientas; no trampas. Más que nada, nuestros deseos deben ser los suyos.

Nehemías se conmovió y lamentó la devastación de Jerusalén. "Y me dijeron: El remanente, los que quedaron de la cautividad, allí en la provincia, están en gran mal y afrenta, y el muro de Jerusalén derribado, y sus puertas quemadas a fuego" (Nehemías 1:3). Nehemías respondió correctamente ante la trágica noticia: "Cuando oí estas palabras me senté y lloré, e hice duelo por algunos días, y ayuné y oré delante del Dios de los cielos" (v. 4).

Hay un tiempo para llorar, tan seguramente como hay un tiempo para reír. Muchas veces escuchamos en la actualidad las mismas palabras que escuchó Nehemías: "La iglesia está en gran mal y afrenta, y sus muros de protección derribados, y sus puertas quemadas por el fuego del infierno." Estos son tiempos en que debemos quebrantarnos delante de Dios y lamentarnos por la devastación de la tierra. "Por lo cual lamentaré con lloro de Jazer por la viña de Sibma; te regaré con mis lágrimas, oh Hesbón y Eleale; porque sobre tus cosechas y sobre tu siega caerá el grito de guerra" (Isaías 16:9).

"Con llanto de Jazer lloraré por ti, oh vid de Sibma; tus sarmientos pasaron el mar, llegaron hasta el mar de Jazer; sobre tu cosecha y sobre tu vendimia vino el destruidor" (Jeremías 48:32). "He aquí que sus embajadores darán voces afuera; los mensajeros de paz llorarán amargamente" (Isaías 33:7).

¡Debemos volvernos con lágrimas a Dios! Mientras observamos la belleza de Cristo, meditando en su hermosura, su propósito, su plan, debemos hacer lo que el salmista hizo, y recordar todas sus maravillosas obras en el pasado (Salmo 77:11, 12). Y las cosas de esta tierra: las trampas, las cadenas, las ataduras, caerán.

Cuanto más lejos estamos de Cristo, más terrenales nos volvemos, y así comenzamos a perder la batalla de la vida. En lugar de ser peregrinos que están de paso, nos plantamos profundamente en la tierra de este mundo. Nuestros afectos, metas y deseos son formados en la tierra y en ella terminan. Nos atamos a una realidad pasajera. Pronto comprendemos, como el hijo pródigo, que todo es un espejismo. En este mundo no hay nada a lo que podamos aferrarnos, nada eterno: todo es vacío.

Haremos bien en recordar la inocencia de nuestros primeros días con Cristo. Era un tiempo en que nada importaba, sino la simplicidad de vivir santamente y ganar personas para él. Después de todo, ¿no son esas las dos cosas más importantes? ¿No cae todo lo demás en alguna de estas dos categorías? Pero, ¡oh, cómo hemos complicado nuestras vidas!

"¡Vuelve a Dios!", gritan los profetas. "Por esto dije: Dejadme, lloraré amargamente; no os afanéis por consolarme de la destrucción de la hija de mi pueblo" (Isaías 22:4). Isaías lloraba: "No seques mis ojos, ni siquiera mires en dirección a mí. Llora, gime, clama al Señor por la devastadora destrucción del pecado. ¡Mira lo que hemos hecho con nuestras vidas!" Qué profunda preocupación, qué dolor, como el de la madre al dar a luz. "¡Oh, si mi cabeza se hiciese aguas, y mis ojos fuentes de lágrimas, para que llore día y noche los muertos de la hija de mi pueblo!" (Jeremías 9:1).

El profeta Joel se une a este coro de lágrimas, exhortando a todos y cada uno de los ministros a postrarse sobre su rostro delante del Señor:

Entre la entrada y el altar lloren los sacerdotes ministros de Jehová, y digan: Perdona, oh Jehová, a tu pueblo, y no entregues al oprobio tu heredad, para que las naciones se enseñoreen de ella. ¿Por qué han de decir entre los pueblos: Dónde está su Dios? (Joel 2:17).

Todo nuestro llanto debe provocar una respuesta. Deseamos que Dios nos responda y nos ayude. El quiere que respondamos actuando.

Mientras oraba Esdras y hacía confesión, llorando y postrándose delante de la casa de Dios, se juntó a él una muy grande multitud de Israel, hombres, mujeres y niños; y lloraba el pueblo amargamente. Entonces respondió Secanías hijo de Jehiel, de los hijos de Elam, y dijo a Esdras: Nosotros hemos pecado contra nuestro Dios, pues tomamos mujeres extranjeras de los pueblos de esta tierra; mas a pesar de esto, aún hay esperanza para Israel" (Esdras 10:1, 2).

El quebrantamiento debe llevar a la acción al pueblo de Dios. El mandato de Esdras resuena a través de los siglos: "Levántate, porque esta es tu obligación, y nosotros estaremos contigo; esfuérzate, y pon mano a la obra" (v. 4).

4. CUANDO EL SEÑOR LLORO.

¿Qué es lo que hace que un rey llore? ¿Qué cosas hacemos, que causan suficiente tristeza al Padre como para cubrir su rostro de lágrimas? Benjamin Beddome escribió:

Cristo lloró por los pecadores;
¿y estarán secas nuestras mejillas?
Ríos de dolor penitente
broten de nuestros ojos.

Al Hijo de Dios llorando
los ángeles, asombrados, ven.
Atónita observa, alma mía:
por ti esas lágrimas ha derramado.[3]

Las Escrituras registran tres momentos en que las emociones de nuestro Señor se expresaron a través de las lágrimas. La más memorable es conocida como el versículo más breve de la Biblia. Fue debido a la muerte de su amigo Lázaro: "Jesús lloró" (literalmente, "derramó lágrimas"; Juan 11:35). Su abierta expresión emocional hizo que los que le rodeaban exclamaran: "Mirad cómo le amaba."

Es importante que leamos este versículo en su contexto. Sabes, el versículo anterior nos dice porqué lloró Jesús. "Jesús entonces, al verla llorando, y a los judíos que la acompañaban, también llorando, se estremeció en espíritu y se conmovió" (v. 33).

Es interesante notar que Jesús le había dicho a la viuda de Naín, en el funeral de su único hijo: "No llores" (Lucas 7:13). Y a los deudos de la hija de Jairo les dijo: "¿Por qué alborotáis y lloráis?" (Marcos 5:39). Pero aquí vemos que Jesús se conmovió y derramó lágrimas ante la muerte de su querido amigo. Es una imagen que nos muestra cuán profundamente humano era nuestro Salvador. El sintió todas las emociones y experimentó personalmente la profundidad de todas las pruebas humanas.

En otra ocasión (luego de su increíble entrada triunfal a Jerusalén), Jesús se ubicó en lo alto de una colina y lloró por la inminente destrucción de la ciudad. ¿Qué fue lo que motivó al Hijo de Dios a lamentarse por Jerusalén?

Lucas 19:41 dice que Jesús miró la ciudad y lloró sobre ella. El texto original expresa que emitió "fuertes gritos".4 Su llanto tenía un motivo concreto. Sabes, Jesús veía todo a la luz de la eternidad. Su compasión estaba mezclada con lágrimas eternas, y cuando el Señor lloraba, siempre entraba en acción.

Cuando escuchamos mencionar la palabra "compasión", la mayoría de nosotros pensamos en la lucha que actualmente enfrenta el hombre: el sufrimiento humano; la agonía de la supervivencia en este planeta; la falta de alimento, vestido y abrigo; la injusta distribución de las riquezas; el mendigo a las puertas de la mansión; el niñito muerto de hambre que raspa hasta las últimas sobras del plato; los que viven en las calles, acurrucados alrededor de un fuego, debajo de un puente, en una fría noche de invierno; la adolescente que ha escapado de su casa, llorando en el camino.

Aunque estas necesidades son en su mayor parte muy legítimas, hay mucho más porqué llorar; mucho, mucho más. Jesús veía mucho más allá de los problemas actuales. Nuestra situación actual tiene que ver con lo temporal, no con lo eterno. Aunque uno fluye en el otro, el último tiene una importancia indescriptible. Después de todo, ¿de qué le sirve a un hombre ganar todo el mundo, y perder su alma? ¿De qué le sirve a un hombre recibir otro par de zapatos para caminar sobre este mundo, cuando en un segundo estará desnudo y descalzo ante el trono del juicio? ¿Qué sentido tiene que llene su estómago, si su corazón está vacío? ¿Para qué cobijar a un hombre de los males de esta era, mientras todos los demonios del cielo están penetrando en su alma? ¡Gastamos millones protegiéndonos de los depredadores externos sin cuidarnos de los depredadores internos!

La verdadera compasión tiene como centro a la eternidad. Las lágrimas de Jesús no eran como las de Ezequías, cuando lloraba por su enfermedad fatal (2 Reyes 20:1-3). Esas lágrimas eran temporales. Las lágrimas de nuestro Señor tenían que ver con la eternidad, porque él ve el futuro. El sabía que aquellos que hoy lo alababan mañana gritarían "¡Crucifícale!".

Así que Jesús lloró lágrimas eternas por Jerusalén. Cuando observó la ciudad desde las alturas de la colina, la escena lo abrumó. Sabía que pronto estaría mirando hacia abajo desde la cima de otra colina, el Gólgota. Las ideas se agolparon en su cabeza. Estaba en el límite de una ciudad que sería devastada por la guerra en una generación. Veía a la décima legión romana marchando, acampando y transformando la ciudad en ruinas. Conociendo el futuro como sólo él podía conocerlo, su corazón se llenó de una tristeza indescriptible. Las lágrimas se agolparon en sus ojos desde muy adentro. Jerusalén estaba perdida: los que estaban en tinieblas volvían a rechazar la luz.

Fue en este estado mental que les dijo a las mujeres que lloraban, camino al Gólgota: "Hijas de Jerusalén, no lloréis por mí, sino llorad por vosotras mismas y por vuestros hijos' (Lucas 23:28). Conociendo el futuro (la destrucción segura), ya no pudo contener su angustia. Su humanidad estaba profundamente conmovida. Las lágrimas brotaron de sus ojos mientras veía la destrucción. Los muros cedían; hombres y mujeres eran asesinados; sus hogares, destruidos; todo lo que había sido ganado, perdido. ¿De qué le sirve a un hombre?

Así como Jesús tenía fija su mirada en la eternidad, de la misma manera debemos hacerlo nosotros en nuestro peregrinaje. Cada persona que conocemos, cada copa de agua que damos, cada grano de trigo que distribuimos debería estar conectado directamente con el alma de esa persona.

La tercera mención de las lágrimas de Jesús se encuentra en Hebreos 5:7: "Y Cristo, en los días de su carne, ofreciendo ruegos y súplicas con gran clamor y lágrimas al que le podía librar de la muerte, fue oído a causa de su temor reverente." Al pensar en este pasaje, nuestros pensamientos vuelan hacia el Getsemaní, pero creo que tiene más que ver con la totalidad de la vida de Jesús. Puedo imaginar que durante sus momentos de quietud, a solas con el Padre, Jesús sollozaba en secreto. Durante estos benditos momentos, emergía la humanidad del Hijo de Dios: era un varón de dolores, experimentado en quebranto. Sabía que encontraría el único consuelo posible solamente bañando los pies de su Padre celestial con lágrimas.

5. EMOCIONES PROVOCADAS POR UNA PROFUNDA PREOCUPACION, POR LA ADORACION O LA ORACION.

Escucha a Isaías: "Como la grulla y como la golondrina me quejaba; gemía como la paloma; alzaba en alto mis ojos. Jehová, violencia padezco; fortaléceme" (Isaías 38:14).

Raquel se une a este coro de lágrimas: "Voz fue oída en Ramá, grande lamentación, lloro y gemido; Raquel que llora a sus hijos, y no quiso ser consolada, porque perecieron" (Mateo 2:18).

La armonía continúa en los Salmos: "Jehová, escucha mi oración, y llegue a ti mi clamor. ... Por lo cual yo como ceniza a manera de pan, y mi bebida mezclo con lágrimas" (Salmo 102:1, 9).

En realidad, las lágrimas de emoción derramadas a través de los siglos fluyen unidas, formando un poderoso río hacia el cielo. Encontramos las lágrimas de José al encontrarse con sus hermanos: "Entonces José se apresuró, porque se conmovieron sus entrañas a causa de su hermano, y buscó dónde llorar; y entró en su cámara, y lloró allí" (Génesis 43:30).

Encontramos las lágrimas de Pablo, derramadas por sus amados hijos de Filipos: "Porque por ahí andan muchos, de los cuales os dije muchas veces, y aun ahora lo digo llorando, que son enemigos de la cruz de Cristo" (Filipenses 3:18). Nuevamente Pablo derrama lágrimas, ahora por sus hijos de Corinto: "Porque por la mucha tribulación y angustia del corazón os escribí con muchas lágrimas, no para que fueseis contristados, sino para que supieseis cuán grande es el amor que os tengo" (2 Corintios 2:4). También lo vemos en sus palabras de despedida a los creyentes efesios: "Por tanto, velad, acordándoos que por tres años, de noche y de día, no he cesado de amonestar con lágrimas a cada uno" (Hechos 20:31). Sí, Pablo lloraba.

Escucha a María ante la tumba de su Señor: "Pero María estaba fuera llorando junto al sepulcro; y mientras lloraba, se inclinó para mirar dentro del sepulcro;... Jesús le dijo: Mujer, ¿por qué lloras? ¿A quién buscas?" (Juan 20:11, 15).

También tenemos el acto de esta amada mujer que lavó los pies del Señor con sus lágrimas para expresar la gratitud de su corazón. "...y estando detrás de él a sus pies, llorando, comenzó a regar con lágrimas sus pies, y los enjugaba con sus cabellos; y besaba sus pies, y los ungía con el perfume" (Lucas 7:38).

Una vez más, Pablo aparece en este río de lágrimas... sólo que esta vez, sus seguidores son los que lloran. Encadenado, camino a un destino final incierto, Pablo pregunta: "¿Qué hacéis llorando y quebrantándome el corazón? Porque yo estoy dispuesto no sólo a ser atado, mas aun a morir en Jerusalén por el nombre del Señor Jesús. Y como no le pudimos persuadir, desistimos, diciendo: Hágase la voluntad del Señor" (Hechos 21:13, 14).

¿Puedes imaginarte la escena de la muerte de Aarón, y luego, el culto del funeral de Moisés? La Biblia dice: "Y viendo toda la congregación que Aarón había muerto, le hicieron duelo por treinta días todas las familias de Israel" (Números 20:29). "Y lloraron los hijos de Israel a Moisés en los campos de Moab treinta días; y así se cumplieron los días del lloro y del luto de Moisés" (Deuteronomio 34:8).

En la Palabra también encontramos a Elcana, esposo de Ana, respondiendo a las lágrimas de su mujer: "Ana, ¿por qué lloras? ¿por qué no comes? ¿y por qué está afligido tu corazón? ¿No te soy yo mejor que diez hijos?... ella con amargura de alma oró a Jehová, y lloró abundantemente (1 Samuel 1:8, 10). Su profundo lamento se cambió en baile con el nacimiento de su hijo, Samuel.

Lágrimas de gozo fueron derramadas en la reunión familiar de Jacob y Esaú. "Pero Esaú corrió a su encuentro y le abrazó, y se echó sobre su cuello, y le besó; y lloraron" (Génesis 33:4).

La Biblia también registra escenas de llanto mientras se leía la Palabra del Señor. "...porque todo el pueblo lloraba oyendo las palabras de la ley" (Nehemías 8:9).

La viuda de Naín se encuentra llorando junto al ataúd de su único hijo. Entonces se le acerca Cristo: entonces llega el verdadero Consolador. Para los demás sus lágrimas eran solamente una expresión normal de tristeza. Pero para Jesús, esas lágrimas hablaban de un dolor y una miseria mucho más profundos. Quizá pensó en lo que su propia madre experimentaría en el día en que él muriera. Quizá le vino el libro de Jeremías a la mente: "...ponte luto como por hijo único, llanto de amarguras; porque pronto vendrá sobre nosotros el destruidor" (Jeremías 6:26).

O quizá vio a la pobre mujer trabajando duramente para "ganarse el pan" con el sudor de su frente, porque su hijo único había muerto. Quizá su corazón recordó a Zacarías hablando del duelo de Hadadrimón: "...y mirarán a mí, a quien traspasaron, y llorarán como se llora por hijo unigénito, afligiéndose por él como quien se aflige por el primogénito. En aquel día habrá gran llanto en Jerusalén, como el llanto de Hadadrimón en el valle de Meguido" (Zacarías 12:10, 11). Quizás, al ver sus lágrimas, Jesús pensó en la muerte del rey Josías, más de seiscientos años antes, y del lamento nacional que se hizo por él.

En un instante, se sintió abrumado por el deseo de "detener ese sufrimiento". Una vez más, su compasión lo hizo entrar en acción. El dolor de esa mujer pronto se vio aliviado por la resurrección de su hijo... un tremendo cumplimiento del mandato santo de llorar con los que lloran.

6. LLORO Y CRUJIR DE DIENTES

Jesús habló de la llama que no se apaga, el gusano que no muere, el perdón que nunca llega, el alma y el cuerpo echados en el lago de fuego y el lloro y el crujir de dientes. Con cada mención, trataba de inspirar en sus oyentes el terror por la condenación eterna. El lloro y el crujir de dientes, especialmente, denotan una terrible ira unida a la pena. El propósito de una advertencia tan fuerte (sobre el eterno crujir de dientes y el llanto sin fin) era apartar a quienes la escucharan de ese terrible final. Es interesante que parte de nuestra herencia celestial será la ausencia del llanto, mientras que parte de la maldición del infierno será el llanto eterno.

Reflexiona sobre estas palabras de Juan Bunyan:

¡Oh, hombres condenados! tal es vuestro destino; el día de la gracia ha terminado; llega ahora demasiado tarde el arrepentimiento; la misericordia ha volado, se ha ido.

Vuestros lamentos y llantos más pronto hubieran
debido sonar en mis oídos,
si gracia hubierais deseado recibir,
o vuestras lágrimas hubiera debido yo contemplar.
Fue a mí a quien vuestros pecados ofendieron,
mía la instrucción que no quisisteis obedecer;
mi ley, contra la cual vuestros pecados cometisteis;
ahora la justicia ocupará su lugar.

Mi Hijo entregué para haceros bien;
espacio y tiempo para acercaros a él;
mas no lo recibisteis, y en su lugar,
al infierno buscasteis por compañero.

Justicia contra vosotros está ya decidida;
justicia que no lograréis apaciguar;
eterna justicia que habéis abandonado
por seguir en la vida vuestro placer.

Así quien hasta este lugar haya llegado
llorar, suspirar o gemir pueda;
pero el pecado en su hogar este lugar ha cambiado
y allí lo guardará por suerte eterna.[5]

7. CUANDO DIOS ENJUGARA TODA LAGRIMA, AQUI EN LA TIERRA, Y TODO LLANTO CESARA EN EL CIELO.

¿Alguna vez has llorado al escuchar las palabras del Señor? En algunos casos, nadie hubiera podido detener las lágrimas que mojan nuestros rostros cuando la Palabra de Dios atraviesa nuestro corazón.

Pero hay un tiempo de llorar y un tiempo de regocijarse. Una vez más reflexionemos sobre esta emocionante escena del libro de Nehemías.

Y Nehemías el gobernador, y el sacerdote Esdras, escriba, y los levitas que hacían entender al pueblo, dijeron a todo el pueblo: Día santo es a Jehová nuestro Dios; no os entristezcáis, ni lloréis; porque todo el pueblo lloraba oyendo las palabras de la ley. Luego les dijo: Id, comed grosuras, y bebed vino dulce, y enviad porciones a los que no tienen nada preparado; porque día santo es a nuestro Señor; no os entristezcáis, porque el gozo de Jehová es vuestra fuerza (Nehemías 8:9,10).

Podemos regocijarnos, porque llegará el tiempo de restauración. Dios enjugará toda lágrima de nuestros ojos.

Ciertamente el pueblo morará en Sion, en Jerusalén; nunca más llorarás; el que tiene misericordia se apiadará de ti; al oír la voz de tu clamor te responderá. Bien que os dará el Señor pan de congoja y agua de angustia, con todo, tus maestros nunca más te serán quitados, sino que tus ojos verán a tus maestros. Entonces tus oídos oirán a tus espaldas palabra que diga: Este es el camino, andad por él; y no echéis a la mano derecha, ni tampoco torzáis a la mano izquierda (Isaías 30:19-21).

"Enjugará Dios toda lágrima de los ojos de ellos; y ya no habrá muerte, ni habrá más llanto, ni clamor, ni dolor; porque las primeras cosas pasaron" (Apocalipsis 21:4).

"Yo enjugaré toda lágrima de tus ojos." No está hablando de nuestras tontas quejas, o de nuestro egoísta disconformismo porque las cosas no son como a nosotros nos gustan, o de nuestras constantes protestas porque el color de la alfombra no es nuestro favorito. No enjugará las lágrimas de santos malhumorados. No;

las lágrimas de las que se habla aquí son lágrimas genuinas, lágrimas de piedad, lágrimas que brotan del sufrimiento humano. Es interesante observar que cuando Juan visitó el cielo durante su visión, lloró porque no fue hallado hombre alguno digno de abrir el libro:

Y vi en la mano derecha del que estaba sentado en el trono un libro escrito por dentro y por fuera, sellado con siete sellos. Y vi a un ángel fuerte que pregonaba a gran voz: ¿Quién es digno de abrir el libro y desatar sus sellos? Y ninguno, ni en el cielo ni en la tierra ni debajo de la tierra, podía abrir el libro, ni aun mirarlo. Y lloraba yo mucho, porque no se había hallado a ninguno digno de abrir el libro, ni de leerlo, ni de mirarlo (Apocalipsis 5:1-4).

Esta revelación me deja atónito; que no haya hombre alguno que pudiera abrir el libro es un misterio para mí. ¿Qué de los fieles mártires? ¿Qué de aquellos que mueren en este siglo, durante todo el mundo, por la causa de Cristo? ¿Qué de las antorchas humanas que iluminaban los jardines de Nerón por las noches? Seguramente, sus sufrimientos, su dolor, su agonía, han ascendido como dulce incienso al cielo y son mérito suficiente como para abrir el libro.

Consideremos una santa en particular: una hermosa niña llena de fe llamada Susana. Tiene seis años de edad. Su nombre significa "lirio", y es preciosa como una flor fresca de la mañana: blanca, de ojos azules, enamorada de Jesús.

Estamos en el año 404 de la era cristiana, y toda la familia de Susana ha sido elegida para entretener al malvado emperador romano y una multitud de paganos. Dentro de unos pocos minutos, su madre, su padre, su hermanito, Jeremías y la misma Susana estarán muertos.

La familia ha tenido la oportunidad de negar su fe en Cristo. "Negadlo, y viviréis", les dicen.

"Imposible", responden ellos humildemente. "El es todo para nosotros."

"Entonces moriréis como necios. ¡Probadnos cuánto significa vuestro amor por Cristo!" Susana es la primera. Dos macizos soldados aferran sus bracitos y la llevan a un cuarto frío y maloliente donde alguien cose una piel de cordero a sus ropas. A cierta distancia, la niña parece un animalito asustado. Al mirarla de más cerca, se puede ver en ella un terror que supera las palabras. Entonces la llevan a la arena. La multitud ruge en señal de aprobación.

¿Quién puede soportar ver desarrollarse esta escena? Allí está, en medio de un estado colmado de gente. Sus padres dan vuelta la cara para no ver ese horror. Miles de personas en la tierra observan, aprobándolo, mientras un ejército de ángeles observa desde arriba. Uno de ellos está esperando a Susana para llevarla al cielo.

Alguien suelta a los leones hambrientos. Hace dos días que las bestias no comen. En cuestión de segundos, descubren a su presa. Repentinamente, como una lluvia torrencial, el terror inunda el corazón de la pequeña Susana: "¡Esto es de verdad! Estoy sola. Mamá y papá no pueden ayudarme. Ese león me comerá." Y comienzan a caer sus lágrimas.

Uno de los animales inicia la carga, y la niña es un blanco imposible de perder. Intenta huir, y unas mandíbulas que se cierran con un violento golpe de mandíbula la dejan sin un brazo. Ese dolor es algo que ella nunca había experimentado. Los gritos de la multitud ahogan sus gritos de dolor. Susana cae al suelo. Los demás asesinos hambrientos se acercan. Como una guillotina, sus mandíbulas se cierran. Poco minutos después, todo ha terminado.

¿Quién sigue? Todos piden al pequeño Jeremías.

Seguramente estos niños son dignos de abrir el libro. Y seguramente el deseo de Juan de verlo abierto sería satisfecho con el martirio de la pequeña Susana.

¿Qué del querido Juan el Bautista? Ese hombre de Dios que vivió comiendo langostas y miel, clamando día y noche: "¡Preparad el camino del Señor!" El entregó todo para cumplir con su llamado, sólo para que todos sus seguidores fueran tras Aquel cuyas sandalias él no era digno de desatar. Seguramente, su humildad, su semejanza a Cristo, su celo por el Señor, su dedicación hasta la muerte lo ha colocado por encima de todos los demás. Seguramente Dios observó su cabeza colocada sobre un plato ante un grupo de paganos en el banquete, y dijo: "¡Mi amado Juan el Bautista! El es el hombre; él puede abrir el libro." De ninguna manera.

La pregunta es: "¿Quién es digno?" El Cordero de Dios volverá las páginas. ¡Seca tus ojos, querido apóstol!

Sí, todas nuestras lágrimas serán enjugadas porque él ganó la victoria. Un día, todos seremos bendecidos con un "síndrome de los ojos secos" celestial, porque él conquistó el "síndrome de los ojos húmedos" terrenal.

Tal como lo expresara Benjamin Beddome:

Lloró él, para que tú lloraras;
cada pecado demanda una lágrima;
sólo en el cielo no podrás hallar pecado,
y tampoco lágrimas lograrás encontrar.[6]

La sabiduría de Salomón bien puede aplicarse hoy: "Mejor es ir a la casa del luto que a la casa del banquete; porque aquello es el fin de todos los hombres, y el que vive lo pondrá en su corazón" (Eclesiastés 7:2).

En la Biblia hay más de setecientas referencias al llanto, el lloro, las lágrimas y los lamentos. Cuando interpretamos correctamente el origen de nuestra fuente de lágrimas, comenzamos a develar los misterios del alma.

O C H O

L A G R I M A S D E
P A R T O

*Realmente entramos en "trabajo de parto", con lágrimas, por
otros, sólo cuando sentimos los efectos de sus
sufrimientos...cuando de verdad sentimos
empatía y compartimos su infortunio.*

"Aquí hay algo mal. Querido Jesús, ayúdame a
ver desde tu punto de vista. Quiero ver con los ojos de la eternidad. La Palabra de Dios dice que tú me darás entendimiento para
todas las cosas (1 Timoteo 2:7). ¡Te lo ruego, Padre, ayúdame a
comprender qué está pasando!"

Esa fue la oración que elevé al cielo una mañana, muy
temprano, durante una visita que realicé hace poco a la ex Unión
Soviética. Habíamos sido recibidos por el pueblo ruso con cálido
entusiasmo. Estaban respondiendo a nuestra amistad y probando
el mensaje del evangelio. El hambre de la verdad allí era obvio. El
llamado a aceptar a Cristo, la noche anterior, había sido increíble:
una multitud se había reunido ante el altar, con los ojos llenos de
lágrimas.

Yo había predicado sobre Juan 1:29: "He aquí el Cordero
de Dios, que quita el pecado del mundo." ¡Qué visión estábamos
contemplando! Decenas y decenas de jóvenes entregándose al Señor. Oramos con ellos, y todos pidieron a Jesús que fuera el Señor
y Salvador de sus vidas. Muchos lloraban al comprender cuán desesperante era su estado espiritual.

Sus testimonios eran pruebas de que estaban produciéndose verdaderos cambios. Un adolescente dijo que la presencia de Dios ahora era claramente visible para él. Con un rostro que literalmente brillaba de esperanza, confesó: "Esta es la primera vez que siento que hay un Dios. ¡Ahora sé que él existe!" Una jovencita dijo que sus pensamientos habían cambiado desde que orara, la noche anterior. "Cuando fui a la cama ya estaba pensando en forma diferente", dijo, con el rostro brillante que irradiaba el amor de Cristo. "¡Estoy tan feliz, tan libre!"

La noche anterior nos había entusiasmado ver los rostros sonrientes y escuchar los maravillosos relatos. Pero ahora, a la mañana siguiente, desperté gimiendo en el espíritu. ¿Por qué?

El Señor parecía estar advirtiéndome suavemente: "¿Realmente están conociéndome a mí, Esteban? ¿Realmente crees que toda esta gente está conociéndome a mí? ¿O muchos continúan confundidos? ¿En realidad están probando mi bondad? ¿O te siguen a ti con sus acciones, pero no con sus corazones? ¿Continuarán caminando junto a mí después que te hayas ido? ¿O simplemente guardarán esto como otra experiencia religiosa que vivieron con los occidentales? Ten mucho cuidado... las cosas no siempre son como parecen."

Estas preguntas me acosaban. ¿Serían todas las conversiones que habíamos visto tan sólo un caso de "veleidad religiosa"? ¿Tendría yo que repetir en pocos meses las palabras de Pablo: "Estoy maravillado de que tan pronto os hayáis alejado" (Gálatas 1:6). Los gálatas recibieron a Pablo como si fuera un ángel, pero comenzaron a apartarse del evangelio casi con la misma rapidez con que llegaron a Cristo.

Comencé un autoexamen. He llegado a un punto en mi vida en que toda obra debe ser analizada; cada proyecto debe superar un intenso examen. Como alguna vez me dijera un querido amigo: "Ten cuidado con tu obra, Esteban. Asegúrate de estar trabajando en lo que Dios ha planeado. Si no, el día del juicio podrías estar metido hasta la rodilla en ceniza."

Mi examen continuaba. "¿Ha sido la oración la que ha dado a luz todos estos nuevos creyentes, o es simplemente un nuevo caso de 'violación espiritual'?" Me estremecí al pensar en la posible respuesta. "¿Soy solamente otro evangelista, de los cientos que han venido a cosechar en los campos blancos de Rusia? ¿Son mis pocas horas de oración las que producen estos resultados eternos? ¿Permanecerán estos frutos?"

He aprendido que la verdadera prueba de toda labor evangelística puede ser resumida en una frase: "diez años después". (Esa es la razón por la que hemos dedicado nuestro ministerio a plantar iglesias). "¿Dónde estarán estas personas dentro de diez años?", pensé. "¿Conocerán aún a Dios, o sus corazones estarán duros y fríos? ¿Los ha permeado realmente el amor de Dios, o estamos siendo engañados?"

Finalmente tuve que admitir que nunca había atravesado mi alma una profunda y abrumadora carga por los perdidos en Rusia. No había pasado días y días orando "en trabajo de parto" por el destino espiritual de ese país en tinieblas.

Las palabras de Mamá Wilkerson, madre del evangelista David Wilkerson, volvieron a resonar en mí con toda su verdad. Recordé un tiempo, hacía años ya, en que ella nos había enseñado a un grupo sobre evangelización. Sus años de experiencia como evangelista sazonaban cada palabra. Habíamos estado planeando un viaje evangelístico a la ciudad de Nueva York, y ella se sentía desbordar de entusiasmo una vez más ante la idea de caminar por las calles de esa ciudad infestada de pecado.

Al finalizar la reunión, un joven escupió la siguiente confesión: "Yo no siento la carga por la ciudad de Nueva York."

Nunca olvidaré la respuesta directa de Mamá Wilkerson: "Eso es porque nunca has caminado por las calles de Nueva York. Dios te dará la carga cuando llegues allí."

He visto esta increíble verdad hacerse realidad ante mis ojos en todo el mundo. Al llegar a un área de labor determinada, sentimos una carga abrumadora sobre nuestros hombros. Caminamos, hablamos y dormimos con esas personas en nuestra mente. Y poco después, nuestras oraciones y nuestros ayunos abren el camino para encuentros espirituales increíbles. Las visitas a los hogares se convierten en momentos de profunda emoción, que llevan al arrepentimiento y a las lágrimas. ¡La carga es real!

Ahora, caminando por las calles de Rusia, una verdadera carga de Dios por las almas de este pueblo cayó sobre los integrantes de nuestro equipo. Ahora estábamos sintiendo su condición de perdidos y derramando lágrimas sinceras, lágrimas del Espíritu Santo, por sus almas.

Pero la cosecha que ahora veíamos en Rusia era resultado directo de décadas de ayunos y oraciones... no nuestros, sino de otras personas, que habían hecho el "trabajo de parto" durante años. En realidad, otras personas habían clamado: "Querido Señor, salva a mi pueblo. Derrite sus corazones. Rompe la opresión, Jesús amado, y envía tu luz a esta tierra oscura y desolada." Otros santos habían sentido las contracciones, esos espasmos agudos y violentos de dolor. Otros habían experimentado la profunda inquietud emocional, con lágrimas ardientes. Otros antes que nosotros habían llenado los vasos de dolor con sus lágrimas, en sus rincones secretos de oración. Ellos habían entrado en la lucha emocional de la "guerra en los lugares celestiales". Eran otros los guerreros que habían luchado, "no contra carne y sangre, sino contra principados y potestades", por el pueblo de Rusia.

Naturalmente, yo había orado, y mi equipo también. Pero ninguno de nosotros había hecho el "trabajo de parto". Ahora, debo reconocerlo, estábamos sintiendo el calor de la batalla. Para nosotros, era un resultado de victoria inmediata seguida de un gozo excepcional. Pero los que habían venido antes que nosotros, seguramente habían luchado durante décadas sin resultados visibles. Ellos habían experimentado el verdadero trabajo de parto. Quizá habían llegado a sentir el horror de la desesperanza: el temor de que el niño naciera muerto.

Sin embargo, la verdad nos estaba llegando fuerte y clara. El trabajo de todas esas personas no había sido de balde. ¿Podría ser que ese versículo: "...vuestro trabajo en el Señor no es en vano" (1 Corintios 15:58) también incluya el trabajo espiritual... el trabajo de parto espiritual?

William Jay, un distinguido ministro independiente inglés, del siglo dieciocho, dijo: "Muchos que son grandes a los ojos del Señor viven en cabañas y chozas y son poco conocidos, de no ser por unos pocos de sus vecinos, igualmente ignotos." Yo creo que estos son los que han hecho el trabajo de parto por Rusia. Estoy convencido de que los más grandes guerreros de oración, los que han sentido las contracciones previas al nacimiento, sólo rara vez serán aplaudidos aquí en la tierra, sino que recibirán la corona que merecen en el cielo. Ellos son los que no han abortado a Rusia. Como padres devotos y expectantes, han permanecido firmes hasta el final.

Nuestro equipo de trabajo en Rusia habría estado de acuerdo con el apóstol Pablo, quien dijo: "Yo planté, Apolos regó; pero el crecimiento lo ha dado Dios. Así que ni el que planta es algo, ni el que riega, sino Dios, que da el crecimiento. Y el que planta y el que riega son una misma cosa; aunque cada uno recibirá su recompensa conforme a su labor" (1 Corintios 3:6-8, itálicas agregadas).

En el caso de Rusia, obviamente nosotros estábamos cosechando donde otros habían sembrado; en una labor no realizada codo a codo con el hombre, sino codo a codo con Dios. Aunque la mayoría de estos recién convertidos estaban escuchando el evangelio por primera vez, yo sabía que algunos queridos santos habían luchado con Dios durante décadas hasta que esta respuesta llegó. Ellos habían trabajado la dura tierra espiritual, removiendo el terreno, plantando y regando con lágrimas, todo en la oscuridad de la noche. Sólo podían esperar la cosecha y soñar con la tierra prometida. Ahora, a la luz del día, nosotros veníamos a cosechar.

Sentí una profunda humildad cuando un hombre anciano me dijo que nosotros éramos la respuesta a sus cincuenta años de oraciones. Las palabras de Jesús hablaban claramente en ese día: "Yo os he enviado a segar lo que vosotros no labrasteis; otros labraron, y vosotros habéis entrado en sus labores" (Juan 4:38).

Ahora, varios meses después de la cruzada, nos gozamos por los informes que recibimos. Muchos de los que se convirtieron realmente entregaron sus corazones al Señor, y ahora están participando activamente en la iglesia local recién iniciada. Pero mis sospechas resultaron ciertas. Una carta que me enviaron hace poco decía: "Muchos no creen realmente lo que usted dijo que había sucedido en su vida, y no confían en sus palabras."[1]

Estas palabras reflejan lo que sentía yo esa mañana en la soledad de mi habitación en ese hotel. La gente movía la cabeza en señal de aprobación, y algunos hasta oraron con nosotros, pero no eran sinceros. Ahora en mi corazón se está desarrollando una carga cada vez mayor por esas almas que están en Rusia y aún tienen dudas.

Ha habido muchas ocasiones en que Dios colocó una carga en mi corazón por alguna persona que está en peligro. No hace mucho me abrumó un ataque espiritual que sufrió una pareja de amigos míos. Su matrimonio estaba en peligro, y el peso que eso cargaba en mis hombros era muy pesado. Una mañana, temprano, Dios me llamó a orar. Las palabras inteligibles pronto se convirtieron en gemidos y quejidos a medida que sentía que la batalla arreciaba; era evidentemente un ataque satánico. Yo estaba sintiendo su dolor, y sólo el Espíritu podía orar. En otras ocasiones habíamos sostenido estas luchas durante meses, pero esta vez la respuesta llegó pronto.

Más tarde, ese mismo día, supe que Dios había enviado a su camino una mujer para que les diera una palabra "a tiempo". El Señor había hablado claramente a esta querida sierva en un sueño. Ella obedeció inmediatamente y relató los detalles de su sueño a esta pareja que estaba en la lucha. Los muros se derrumbaron, y como resultado de su obediencia al Señor, el matrimonio comenzó a sanarse. Algunos plantan, otros riegan.

El evangelista muchas veces cosecha donde no ha sembrado. Muchas veces, al comenzar una serie de reuniones evangelísticas, les pido a las personas que asisten que me den los nombres y direcciones de amigos y personas queridas que no son salvos. La respuesta es siempre abrumadora. Recibimos cientos de notitas escritas en la parte de atrás de los boletines, contándonos sobre hijos e hijas hundidos en el pecado, hijos pródigos que desperdician su vida dando vueltas por la ciudad mientras sus padres pasan las noches angustiados y sin dormir.

Ahí vamos entonces a los hogares, con los bolsillos llenos de direcciones y los corazones llenos de expectativas. Siempre me han encantado las aventuras, y cada una de estas pequeñas notitas nos lleva a una. Nuestras visitas a estos "perdidos y buscados" han terminado en toda clase de situaciones, desde maldiciones hasta conversiones. El Señor, en su gracia, nos ha dado mucho fruto, y muchos convertidos han sido ganados por medio de nuestros contactos y del testimonio persistente. Algunos rechazan el mensaje, pero la mayoría se conmueve tanto al tener un evangelista a la puerta que nos permiten entrar.

Una vez que estamos adentro, compartimos el amor de Dios, siempre a través de un espíritu quebrantado y un rostro lleno de lágrimas, y hemos visto milagro tras milagro en estas ocasiones. Siempre me provoca asombro ver al Padre celestial alcanzando con sus brazos de amor estas personas perdidas durante tanto tiempo, cubriendo su desnudez, alimentándolos con el Pan de Vida, permitiéndoles beber del Río de Vida y restaurándolos. ¡No sé quién llora más, si el creyente recién nacido o el cansado guerrero!

Entonces se ve la realidad: esto no se debe a mí; no es el mensaje elocuente o el apasionado llamado. Estos elementos son parte de todo, por supuesto, pero el fundamento de esta conversión había sido echado años antes. Quizá a pocos metros de la iglesia encontraremos la tumba del querido abuelo que oró durante años para que este hijo pródigo volviera a casa. O quizá durante años se ha venido realizando una reunión de oración para interceder por la salvación de este alma perdida. En realidad, si mirara hacia atrás por el camino espiritual, hacia los años pasados, podría seguir un rastro de lágrimas que me llevarían hasta la fuente de la salvación. Allí está: sí, es la mamá, que se ha quedado llorando hasta tarde para que su hijo volviera a casa. Lágrimas de trabajo de parto.

Esto me hace recordar un culto evangelístico, un sábado por la noche, en la Asamblea de Dios de Brownsville, en que una "oleada de trabajo de parto" barrió la congregación. Un grupo de adolescentes, muchos de los cuales estaban demasiado débiles para mantenerse en pie, se sentían abrumados por la carga que llevaban por las almas. Mientras sus gemidos atravesaban el aire, cientos de pecadores corrían hacia los altares. El clamor del corazón de Dios había permeado los espíritus de estos jóvenes intercesores. Era maravilloso observar el resultado de su obediencia. ¡Qué gran cosecha!

El trabajo implica "un arduo esfuerzo mental o físico". También se aplica a los dolores del alumbramiento, en la expresión "trabajo de parto". Las lágrimas que acompañan este proceso fluyen desde el intercesor que agoniza en su ruego por el estado desesperante y lamentable del niño que aún no ha nacido. Los gritos de sus dolores de parto atraviesan los cielos y caen en oídos de Dios.

Evan Roberts pasó diez años orando en trabajo de parto en Gales antes que se hiciera realidad el nacimiento espiritual de miles de personas. William Booth agonizó en oración en su rincón secreto antes que las incontables multitudes a quienes ministró experimentaran el nuevo nacimiento. Meses de clamores incansables elevados al cielo finalmente le proporcionaron a David Brainerd una cosecha entre los indios (de EE.UU.). Y el rastro de las lágrimas de George Whitefield lleva a miles de almas salvadas, tanto en Inglaterra como en Norteamérica.

Todo esto nos lleva a una importante pregunta: ¿Cuál es el verdadero valor de un alma? A los ojos del Señor, según sus sistemas de pesos y medidas, el alma de un hombre es algo por lo que vale la pena morir. En la cruz, y mientras atravesaba los dolores de parto previos, Jesucristo dio a luz a todos los creyentes. El pasó por los dolores del alumbramiento.

Y Cristo, en los días de su carne, ofreciendo ruegos y súplicas con gran clamor y lágrimas al que le podía librar de la muerte, fue oído a causa de su temor reverente. Y aunque era Hijo, por lo que padeció aprendió la obediencia; y habiendo sido perfeccionado, vino a ser autor de eterna salvación para todos los que le obedecen (Hebreos 5:7-9).

Hemos visto el valor que Dios da a nuestras almas; ellas le costaron la vida de su Hijo. Ahora, nos preguntamos: ¿hasta qué punto debemos llegar para que alguien llegue a Cristo? Pablo fue hasta el punto de decir: "Porque deseara yo mismo ser anatema, separado de Cristo, por amor a mis hermanos, los que son mis parientes según la carne" (Romanos 9:3).

Quisiera relatarte una experiencia que ha causado una impresión eterna sobre Jeri y yo en cuanto al valor que tiene un alma. Habíamos estado en Argentina durante varios años, y estábamos experimentando tremendos resultados en casi todos nuestros esfuerzos evangelísticos. Pero el ataque del enemigo era constante. William Bramwell, uno de los más poderosos predicadores del metodismo inglés durante el siglo dieciocho, dijo: "Nunca busques la paz mientras proclamas la guerra." Estábamos en guerra continua en los lugares celestiales. Entonces se produjo una batalla física inolvidable que resultó ser una tremenda victoria espiritual.

Una mañana, Jeri despertó gritando a todo pulmón: "¡Esteban, ayúdame, no puedo moverme!" Yo le pregunté qué le sucedía. "Es como si alguien estuviera acuchillándome. Cada vez que me vuelvo tengo un dolor espantoso. Es como si me estuvieran revolviendo el cuchillo por dentro." Jeri lloraba sin control por ese tormento constante. Había estado dolorida durante varios días, pero ahora se había vuelto totalmente insoportable.

Inmediatamente llamamos a nuestro médico local, quien nos dio una rápida respuesta: "Esos dolores son simplemente efectos colaterales de su última cirugía" nos aseguró. Hacía poco habíamos perdido un bebé por un embarazo extrauterino. Habían operado a Jeri y el postoperatorio parecía normal. "No te preocupes, Jeri", le dijo el doctor. "Pasará. Dale unas semanas más."

Pero... ¿de dónde venía ese dolor? ¿Estaría equivocado nuestro médico? ¿Se habría perdido de algo?

Yo nunca había visto a mi esposa en tal agonía; obviamente había algo que andaba muy mal. Entonces llegó la alarma. Llamé el hospital alemán de Buenos Aires, ubicado a más de ochocientos kilómetros de donde estábamos. El médico alemán habló lo más calmada y profesionalmente posible, pero sus palabras resonaban con una terrible urgencia: "Vengan aquí inmediatamente", nos dijo. "Algo anda muy mal. La vida de su esposa está en peligro."

Tomamos el vuelo más próximo, corrimos al hospital y

pronto descubrimos que las sospechas del médico eran correctas. Jeri estaba sufriendo los dolores de otro embarazo extrauterino y estaba a punto de explotar. ¡Estaba embarazada de mellizos!

La trágica contundencia de ese momento pendía sobre mí como una nube negra. Si hubiéramos seguido el consejo del primer médico que consultamos en el sur de Argentina, Jeri podría haber muerto. Después de examinarla, el médico del Hospital Alemán extrajo cinco quistes del tamaño de pomelos, junto con los fetos. La operación, realizada en una emergencia, fue un éxito. Ambos sabíamos que Dios había salvado la vida de Jeri, que la agonía había terminado. Pero ¿por qué tuvo ella que soportar esos meses de sufrimiento físico? Ambos estábamos sirviendo activamente al Señor. ¿Por qué ese ataque? ¿Cuál era el propósito de que perdiéramos a los mellizos? ¿Era una prueba de nuestra lealtad a Cristo? ¿Cuál era el plan en todo esto?

Como ministro, siempre es más fácil para mí aconsejar sabiamente a otras personas que ser yo el que está tendido en la mesa de operaciones. Pero pocos días después llegó la respuesta.

El Hospital Alemán era literalmente un campo de batalla espiritual. Cientos y cientos de profesionales médicos corrían de aquí para allá ayudando a los demás, mientras sus propias vidas estaban en grave peligro. Jeri reconoció la pobreza espiritual que sufrían muchos de los que la rodeaban y comenzó a compartir el amor de Jesús con muchos de ellos. Poco después, Jeri daba a luz. Sus dolores de parto físicos estaban a punto de dar a luz un bebé espiritual.

Una mañana, muy temprano, el Señor dulcemente nos reveló parte de su plan. ¡Jeri se encontró arrodillada sobre el piso del baño, orando junto con la enfermera que la atendía! La enfermera lloraba lágrimas de arrepentimiento; había entregado su vida a Jesús.

La profunda agonía de Jeri, junto con su confianza en Dios, fueron como una palabra de Dios para esta enfermera. Ante sus ojos, Jeri estaba viviendo las enseñanzas de la Biblia. Esta mujer vio cómo mi esposa había confiado en Jesús a cada momento, soportando el dolor y bendiciendo su nombre al mismo tiempo, sin enojarse con él ni cuestionar su omnisciencia. Ahora Jeri podía compartir con esta mujer cómo Dios le había permitido sufrir por amor a un alma. "Dios te ama tanto que me hizo pasar por meses de sufrimiento para que tú pudieras encontrar a Cristo", le explicó. "Y Cristo te ama tanto que soportó la cruz, se desangró y murió, para que tú tengas vida."

Con las lágrimas corriendo por sus mejillas, Jeri le dijo a la enfermera: "Nunca podrás decir que Dios no se preocupa por ti. ¡Mira cuánto se preocupa!" Aquí estaba ella, arrodillada al pie de la cruz en los sanitarios del Hospital Alemán.

Ese es el valor de un alma. Sí, el sistema de valores de Dios es muy diferente del nuestro. "Como son más altos los cielos que la tierra, así son mis caminos más altos que vuestros caminos, y mis pensamientos más que vuestros pensamientos" (Isaías 55:9).

Recuerdo una querida madre que oró por su hijo durante años y años. Parecía que cuanto más ella oraba y ayunaba, más se alejaba él de Dios. La mujer agonizaba intercediendo por su hijo hasta altas horas de la noche, inundando su almohada de lágrimas. Estaba sintiendo los dolores del alumbramiento en el reino. La salvación de su hijo no se produciría fácilmente.

Pero lo que finalmente llevó a la conversión de su hijo podría compararse con los pocos momentos de intenso dolor que se viven en un nacimiento natural. Habiendo llegado al límite de sus fuerzas, esta madre clamó: "¡Dios, sea lo que sea necesario para que mi hijo vuelva a ti, hazlo!"

Este valiente pedido se produjo sólo instantes antes de que su hijo naciera espiritualmente. Ella gritó, mientras atravesaba la barrera del dolor, como una madre pujando por última vez, y entonces llegó la respuesta. Pero ahora esta mujer advierte seriamente a padres y madres que nunca pronuncien esta oración a menos que realmente lo digan en serio.

La respuesta llegó en forma de un serio accidente automovilístico. Su hijo quedó en estado crítico, paralizado desde la cintura para abajo. El impacto del accidente, la ferviente oración de una mujer justa y un río de lágrimas finalmente llevaron a su conversión. Ahora este joven testifica, desde los confines de su silla de ruedas, cómo Cristo atrapó su vida. Su testimonio nos habla del valor de un alma.

Creo que para que se produzcan verdaderas conversiones, para que haya verdaderas experiencias de "nuevo nacimiento", deben producirse en la misma forma en que se producen los partos en la carne. Es decir, debe haber una concepción, luego un crecimiento en el vientre, y finalmente el dolor y el trabajo de parto. Así como una mujer debe sufrir en el nacimiento de su bebé, nosotros debemos sufrir el dolor de los partos espirituales.

No hay dudas: debemos sufrir por los que sufren. Pero muchos de nosotros vivimos tratando de escapar de todo dolor. Queremos que un calmante espiritual se lleve todo nuestro sufrimiento. Pero el dolor es parte del proceso; por eso vino Cristo. Él sabía cuán importante era que sintiera nuestro dolor, experimentar nuestro lastimoso estado.

Ahora mismo está ocurriendo algo tremendo en el campo de la medicina clínica, que debería preocuparnos a todos. Hemos entrado en la era de las drogas que alteran la mente y la personalidad. Olvídate de las píldoras de los sesenta: sólo son un juego de niños. La psicofarmacología, es decir, la ciencia de las drogas que afectan la mente, ha descubierto los vericuetos de la mente y ahora dice tener el poder de controlarla. Desde los antidepresivos que algunos toman como si fueran caramelos, para aliviar su depresión, hasta las nuevas drogas que tienen como objetivo controlar la timidez o la paranoia, hemos lanzado a nuestra sociedad a la falsa órbita del control. Estamos coqueteando con el peligro, y nuestro deseo de controlar se convertirá en una maldición. Queremos alterar los rasgos de personalidad que Dios nos ha dado y que ha utilizado a lo largo de la historia.

El psicólogo Jerome Kagan, de la Universidad de Harvard, advierte que embotar el filo de la personalidad humana tiene su precio. "De la misma manera que el dolor físico evita que nos quememos la carne, quizá el dolor mental, como el que produce la muerte de un hijo, sirva para un propósito... la píldora nos adormece cuando tendríamos que estar gritando." Kagan continúa afirmando que algunos de los grandes pensadores y creadores de la historia eran tímidos. "Una sociedad que utiliza drogas para inducir a la uniformidad corre un serio riesgo al hacerlo."[3] La timidez es solamente una de las características que están siendo atacadas. La depresión leve, que muchas veces es una emoción enviada por Dios, también está bajo severo escrutinio.

Quisiera preguntarte algo: ¿En qué circunstancias llegaste tú a Cristo? ¿Qué sentías en tu mente? ¿Te sentías mal por las consecuencias de tu pecado? ¿Sufrías de una angustia interna? ¿Habías tocado fondo? ¿Estabas al final de tus fuerzas?

¿Puedes imaginarte en qué estado estaríamos si estas drogas que producen alteraciones mentales hubieran estado disponibles durante los siglos anteriores de nuestra historia? Podríamos hablar durante horas sobre los escritores y artistas que produjeron sus más grandes obras durante un tiempo de profundo sufrimiento emocional. La profundidad de sus momentos de dolor los llevó a producir obras inspiradoras que han trascendido los siglos. Pero, ¿qué hubiera ocurrido si en el momento del sufrimiento hubieran acudido al médico, hubieran comprado las píldoras y tragado un par de ellas, y hubieran pasado de la tristeza a la felicidad? Después de todo, ¿cuándo es que las enseñanzas de la Palabra de Dios cobran vida para ti: en los picos o en los valles?

Ahora quisiera preguntarte: ¿cuándo oramos y lloramos por un alma perdida? Cuando sentimos los efectos de su sufrimiento, cuando sentimos empatía y compartimos su infortunio. "No podemos sanar las heridas que no sentimos", sostiene Jowett. "Los corazones desprovistos de lágrimas nunca serán heraldos de la Pasión. Debemos compadecernos si deseamos redimir. Debemos sangrar si deseamos ser ministros de la sangre que salva."[4]

Debemos llevar la compasión a nuestro cuarto, cerrar la puerta y derramar nuestro dolor ante Dios. Y está bien que nos sintamos mal; el dolor y la agonía que uno sufre por un alma perdida es realmente una carga enviada por Dios. Además, está bien que experimentemos emociones intensas. Tu estado actual de depresión puede muy bien ser enviado por Dios; quizás el Señor te está llevando a un tiempo de oración con lágrimas como de dolores de parto. Si así es, puedes estar seguro de que él simplemente está permitiéndote sentir el peso de un mundo que sufre.

"¿Por qué debería yo orar para que Dios quite esa carga de ti?", pregunta Leonard Ravenhill. "Hace diez años que él está tratando de colocarla allí."[5] Luego de llevar tal carga sobre él mismo por muchas almas perdidas, Ravenhill había adquirido una profunda sabiduría en lo relativo a los "dolores de parto" por los perdidos y por el estado de la iglesia:

El nacimiento de un hijo natural es precedido por meses de molestia y trabajo. Así es el nacimiento de un hijo espiritual. Jesús oró por su Iglesia, pero para lograr su nacimiento espiritual se dio a Sí mismo a la muerte. Pablo oraba "noche y día... con vehemencia" por la iglesia, y además "estaba de parto" por los pecadores. "Cuando Sion estuvo de parto engendró hijos", leemos en el Antiguo Testamento.[6]

Y luego: La futura madre se siente más y más pesada a medida que se acerca el tiempo del nacimiento. A menudo pasando horas de desvelo, pero no noches sin lágrimas, en el terreno espiritual, las lámparas del santuario han de quemar a medianoche mientras angustiados intercesores derraman sus almas por las necesidades de la nación. La futura madre, a menudo, pierde el deseo de comer, y por amor al que ha de nacer se niega ciertas cosas. La negación de comida y un amor que consume se apodera de los creyentes, que se avergüenzan de la esterilidad de la iglesia. Cuando las mujeres están embarazadas se ocultan de las miradas públicas. (Así, por lo menos, lo solían hacer.) Del mismo modo, en el terreno espiritual, cuando se acerca el despertamiento los que han de dar a luz nuevas almas se ocultan de la publicidad y buscan el rostro del Dios santo.[7]

El evangelista estadounidense Charles Finney afirmó:

Un verdadero creyente trabaja celosamente para traer a otros a Jesucristo. Le pesa que otros no amen a Dios, cuando él lo ama tanto. Y se dedica, muchas veces con gran emoción, a persuadir a sus vecinos de que entreguen a él sus corazones. Se llena de un tierno y ardiente amor por las almas. Posee el deseo, el anhelo de que el mundo entero sea salvo. Sufre en agonía por aquellas personas que desea ver salvas: sus amigos, sus familiares, sus enemigos. No sólo los anima a entregar sus almas a Dios, sino que los lleva a Dios en los brazos de la fe, y con fuertes gritos y lágrimas ruega a Dios que se apiade de ellos, y salve sus almas del fuego eterno.

Finney continúa dejando bien en claro que:

...cuando la conducta de los malvados lleva a los cristianos a la oración y los quebranta, y los hace sentirse llenos de pena y su corazón se enternece, de modo que lloran de día y noche, y en lugar de reprenderlos y reprocharles, oran con gran celo   por ellos. Cuando sus acciones, tanto la oposición como la apatía llevan a los cristianos a ponerse de rodillas en oración a Dios, con fuertes gritos y lágrimas, puedes estar seguro de que habrá un avivamiento.[8]

En su carta a los gálatas, Pablo escribió: "Hijitos míos, por quienes vuelvo a sufrir dolores de parto, hasta que Cristo sea formado en vosotros" (Gálatas 4:19). El apóstol habla metafóricamente de un segundo parto suyo por las iglesias de Galacia: el primero fue por su liberación de la idolatría, y el segundo se debe a su liberación de las ataduras del judaísmo. Parece estar preguntándoles si alguna vez han sabido de alguna mujer que sufriera trabajo de parto dos veces por el mismo hijo.[9]

"¿Por qué debería considerarse extraño que quienes son llenos del Espíritu de Cristo sean, de igual manera, en su amor por las almas, como Cristo?", escribe Jonathan Edwards:

Cristo tenía un amor tan fuerte por ellos y tal preocupación que estuvo dispuesto a beber las heces de la copa de la furia de Dios por ellos. Al mismo tiempo, ofreció su sangre por esas almas, como su sumo sacerdote, con fuerte clamor y lágrimas. En extrema agonía, el alma de Cristo estaba, por así decirlo, en trabajo de parto por las almas de los escogidos.

Tal espíritu de amor y cuidado por las almas como fue el de Cristo, es el espíritu de la iglesia; y por lo tanto, la iglesia, al desear y buscar que Cristo sea dado a luz en el mundo y en las almas de los hombres, es representada (Apocalipsis 12), como: "una mujer...(que])estando encinta, clamaba con dolores de parto, en la angustia del alumbramiento."

El espíritu de aquellos que han estado angustiados por las almas de los otros, hasta donde yo lo comprendo, no parece diferir en gran manera del apóstol, que sufría dolores de parto por las almas, y estaba dispuesto a ser considerado él mismo anatema para Cristo, con tal de salvar a otro. Y el del salmista, en el Salmo 119:53: "Horror se apoderó de mí a causa de los inicuos que dejan tu ley." Y el del profeta Jeremías (Jeremías 4:19): "¡Mis entrañas, mis entrañas! Me duelen las fibras de mi corazón; mi corazón se agita dentro de mí; no callaré; porque sonido de trompeta has oído, oh alma mía, pregón de guerra."

Leemos sobre Mardoqueo, quien vio a su pueblo en peligro de ser destruido con destrucción temporal (Ester 4:1), que "rasgó sus vestidos, se vistió de cilicio y de ceniza, y se fue por la ciudad clamando con grande y amargo clamor." ¿Por qué, entonces, debería pensarse que están aturdidos aquellos que no pueden evitar el llanto al pensar en la miseria de quienes se encaminan hacia su eterna destrucción?[10]

Cuando Dios coloque en tu corazón una carga por los perdidos, no trates de quitártela de encima. Y no esperes que los demás comprendan lo que sientes. Es algo personal. Llora por los que no son salvos. Ora en agonía por ellos. Derrámate ante Dios como sacrificio vivo por ellos.

En su precioso libro Christ in the Camp (Cristo en el campamento), J. William Jones expresa con gran claridad nuestra responsabilidad de orar y trabajar con ahínco por los perdidos. Después de pasar (un) cierto tiempo en un hospital durante la Guerra Civil, explica que los enfermos solían ser muy receptivos en cuanto al evangelio. Y enfatiza este punto comparando su muerte física con su muerte espiritual:

En vista de todo lo que he visto, me parece que con las miles de caras pálidas y demacradas en los hospitales, con las decenas de miles de almas enfermas por el pecado en nuestros campos, una vasta responsabilidad descansa sobre los hombros de los cristianos de nuestro estado y nuestro país. Si un cirujano debe sentirse lleno de remordimientos al ver a uno de sus pacientes morir por falta de cuidados de su parte, ¿cómo debería sentirse cada cristiano que no ha hecho todo lo que pudiera, ante el anuncio de la muerte de un soldado? ¿Y con qué punzadas de remordimientos debiera observar cada montículo en el cementerio de los soldados?"[11]

Aunque esto fue escrito hace más de un siglo, nos habla en forma aguda a nosotros hoy. ¿Qué cirujano observaría a un paciente agonizante que podría recibir su ayuda, para luego lavarse las manos callosas e irse a presenciar un evento deportivo? Por el contrario, un cirujano realmente dedicado trabajaría arduamente pasada la medianoche para asegurarse de que su paciente volviera a la vida. ¿Cuánto más arduo trabajo deberíamos ejercer nosotros, como dedicados cristianos, por los perdidos y los que mueren?

Charles Finney habla de una mujer que sentía tal inexpresable compasión y amor por las almas, que verdaderamente quedaba sin respiración, casi hasta sofocarse. "Cuál será la intensidad del deseo que Dios siente, cuando su Espíritu produce en los cristianos tal sorprendente agonía, tales gemidos del alma, tales dolores de parto... Dios ha elegido la mejor expresión para indicarlo: son dolores de parto, dolores de parto por un alma."

¿Alguna vez te preguntaste quién hizo el trabajo de parto por tu alma? ¿Hubo alguien que quizás se mantuvo ignorado a los ojos de la sociedad pero prominente a los ojos de Dios, alguien que pasó por el trabajo de parto por tu segura destrucción? Mientras fluían sus lágrimas, ¿vieron, quizá, más claramente, la esperanza de tu salvación? ¿Clamaron ellos a Dios mientras tú te volvías aún más rebelde contra él?

Nunca olvidaré a mi madre, pasando por mi cuarto una noche, clamando a Dios. Yo estaba echado sobre la alfombra, con algunos de mis amigos, casi sin vida; éramos drogadictos y nos habíamos inyectado suficiente morfina como para mantenernos inconscientes durante horas. En mi estado nebuloso apenas podía moverme, pero el clamor de mi madre a Dios sonaba fuerte y claro. Me levanté, tambaleándome, y la seguí, subiendo las escaleras. Al pasar junto a la puerta de su dormitorio escuché los gemidos y quejidos de una mujer que buscaba a Dios por el alma de su hijo. Ella estaba sufriendo los dolores de parto. Estaba dando a luz por segunda vez ante él. La primera vez me trajo a luz a la vida terrenal; la segunda, a la vida eterna.

Nuevamente cito del clásico Porqué no llega el avivamiento, un libro que debería ser de lectura obligatoria para cada cristiano:

Las mujeres de la Biblia que habían sido estériles fueron las que trajeron hijos más nobles. Sara, estéril hasta los 90 años, engendró a Isaac. Raquel, cuyo doloroso grito: "¡Dame hijos o me muero!", fue atendido, engendró a José, quien libró la nación. La mujer de Manoa dio a luz a Sansón, otro libertador de su patria. Ana, una mujer quebrantada, que sollozaba en el santuario y hacía votos en una oración incesante que causó, por ignorancia, el reproche de Elí, estaba derramando su alma ante Dios y recibió como respuesta a Samuel, que vino a ser el gran profeta de Israel. La estéril viuda, Ruth, halló misericordia y dio a luz a Obed, quien engendró a Jessé, el padre de David, de cuya descendencia vino nuestro Salvador. De Elisabet, estéril por muchos años, vino Juan el Bautista, de quien dijo Jesús mismo que no ha habido otro profeta más grande entre los nacidos de mujer. Si la vergüenza de la esterilidad se hubiese apoderado de estas mujeres, ¡qué hombres más poderosos habría perdido la historia![12]

Quisiera preguntarte: ¿cuánto más deberíamos nosotros llorar por nuestra propia esterilidad? Deberíamos estar gritando por las noches: "¡Dame hijos, o si no, me muero!"

Pero, ¡ten cuidado! El traer hijos al mundo trae también responsabilidades, algo que muy pocos de nosotros queremos. ¿Estamos seguros de querer estar esperando un hijo? Debemos estar preparados para pasar por todos los momentos de este proceso. Desde las náuseas hasta el especial cuidado prenatal, pasando por los puntapiés y los terribles dolores del parto. Una vez que la indefensa criatura "ve la luz", comienza el trabajo más difícil de todos: el discipulado. Debe cortarse el cordón umbilical, lavar al niño, consolarlo cuando llora, alimentarlo cuando tiene hambre por la madrugada, y cosas por el estilo. Cualquier padre podría continuar la lista y completar la analogía.

Yo escribí el siguiente poema durante un tiempo de ministerio muy bendecido a líderes de iglesias y laicos en Florida. El Señor comenzó a hablarme sobre la urgencia de la hora. En la mañana en que escribí esto, sentía la intensidad de la guerra y la necesidad de trabajar mientras es de día. El costo de ganar a los perdidos resonaba en mis oídos. Pero el Señor dijo que nada sería fácil.

Vi el campo de batalla de la vida, cubierto de víctimas; algunos muertos, otros respirando apenas, jadeando para lograr un poco de aire. Había sangre por todas partes. Para usar las palabras del salmista, escuché los gemidos de los prisioneros. El enemigo estaba utilizando todas sus armas, sin importar el costo, para ganar esta batalla. "Este no es tiempo de paz", dijo el Señor. Realmente...

NO HAY TIEMPO QUE PERDER.

Este es el tiempo de luchar por el Señor;
no de acumular tesoros para nosotros mismos.
Es el tiempo de agonizar en oración;
no tiempo de dejar a un lado su carga.
Este es el tiempo, la corona de espinas llevaré;
no es tiempo de soñar, con la que en el cielo tendré.
Este es el tiempo de ser crucificado;
no el tiempo de gozarme sonriendo a su lado.

Este es el tiempo de correr la carrera;
no de descansar o aligerar el paso.
Es el tiempo de llevar su carga;
no el del placer o el de mirar al mundo.

Este es el tiempo de tomar la cruz;
no de abandonar y quejarse por el costo.
Este es el tiempo de llorar por la noche;
no de gloriarse en la mañana refulgente.

Este es el tiempo de cosechar el trigo;

no de sentarse y dormitar al sol.
Este es el tiempo de dolor y sufrimiento;
no de disfrutar de ganancias sin cuento.

Este es el tiempo de ganar almas para él;
no de sentarse y de gozarse en el pecado.
Este es el tiempo de soportar el frío;
no de gozar del sol en las calles de oro.

Este es el tiempo de llorar a los muertos;
no es tiempo de gozarnos y danzar.
Este es tiempo, la guerra no cesa;
no el tiempo que queremos, de paz celestial.

Sí, el tiempo medimos con todo detalle;
vamos y venimos, compramos y vendemos.
Apretada nuestra agenda, con precisión nos movemos;
pero su cita es segura, será en el cielo o infierno.

Al médico corremos, para no perder la cita;
el tiempo de Dios, más precioso, pierde quien dormita.
Sigue el paso del Señor, busca su voluntad;
su cita es urgente, no hay tiempo que perder.

Debemos hacer trabajo de parto por los perdidos. Cuando escuches la alarma, ¡corre para llegar a tiempo a la cita divina! ¡No llegues tarde! Quizá Dios nos haga despertar a medianoche, gimiendo con los dolores del alumbramiento. Y en la quietud de la hora avanzada, que pueda él escuchar un constante goteo: la evidencia líquida de nuestra sincera carga por los perdidos; el dolor agónico de otro niño que pasa por el canal de nacimiento, de la oscuridad a su luz eterna.

N U E V E

ESTAFADORES ANTE EL ALTAR

Dios no se deja engañar
por las lágrimas falsas.

El martillo bajó con un golpe seco. La dura realidad se apoderó de la corte mientras el juez pronunciaba la sentencia. "El estado de Alabama lo encuentra culpable de todos los cargos. Lo sentencio a veinticinco años en la penitenciaría del estado. ¡Próximo caso!"

Yo estaba pasmado. Junto con otro centenar de espectadores, acababa de escuchar la dramática, conmovedora historia del acusado, que durante al menos veinte minutos había estado de pie frente al juez, esposado de pies y manos, para hacer su alegato. Pero el estado de Alabama lo había hallado culpable de abandono de menor y robo de automóvil con agravantes.

Mi corazón se había dejado llevar por las palabras de este hombre. Como un experto cuentista, había llevado a todos los que estábamos en el tribunal a su más temprana infancia, relatando con estremecedores detalles todas las privaciones vividas.

Su Señoría, he tenido una vida muy dura. Mi familia siempre ha sufrido. Hemos sido pobres desde que puedo recordarlo. Mi padre tenía algunos empleos aquí y allá, y algunas veces trabajaba hasta muy tarde en la noche, para traer la comida a la mesa. Recuerdo lo que es irse a dormir con ese dolor en el estómago.Nunca había suficiente para todos. Eramos seis hermanos. Yo era el mayor. Sacrificarse por los más pequeños era nuestra manera de vivir. El último trozo de pan, el último vaso de leche, siempre eran para la pequeña Sarah.

Cuando yo tenía diez años, los médicos le dijeron a mi madre que yo sufría de una enfermedad llamada dislexia. No podía leer como mis amigos. Todo era realmente confuso para mí en la escuela, así que finalmente dejé de asistir. Estaba cansado de que los demás niños se rieran de mí.

Cuando cumplí doce años, mi padre murió. Tuve que encontrar trabajo para sostener a la familia. Apenas pudimos sobrevivir, Su Señoría. Los tiempos eran muy duros.

De alguna manera sobrevivimos. Mamá consiguió trabajo planchando ropa, y yo entregaba verduras a domicilio. Una iglesia cerca de casa nos ayudaba con la comida. Ninguno se murió de hambre, pero fue muy difícil.

Para esta altura del relato, la mitad de los concurrentes al tribunal estaba llorando. El mismo acusado trataba de contener los sollozos, mientras revivía cada detalle. Yo mismo me encontré limpiando las lágrimas de mis ojos. Pensé: "Si alguien merece un perdón, es este hombre."

Pero sobre el estrado estaba el hombre que tenía la vida del acusado en sus manos. Hasta este día no logro olvidar la mirada acerada del juez. Su rostro parecía tan frío, tan duro, como si todo esto no lo afectara. ¿Por qué? ¿Cómo podría alguien no ser conmovido por este drama tan real? No era una película; era la vida real. ¿Cómo podía ese juez simplemente quedarse ahí sentado escuchando, sin demostrar emoción alguna?

El acusado continuó relatando su historia:

Como usted sabe, Su Señoría, un hombre sin educación no puede conseguir un buen trabajo. Para cuando cumplí veinte años yo había trabajado en restaurantes, lavaderos de autos y gasolineras. Nunca tuve mucho dinero. Como todos los demás, yo ahogaba mis problemas en el alcohol y las drogas.

En el lugar donde solía ir a cenar conocí a una chica, una camarera. Nos casamos y tuvimos dos hijos. Las cosas comenzaron a ir de mal en peor. Siempre estábamos peleando. Todo el tiempo he deseado una vida mejor, pero nunca tuvimos una verdadera oportunidad.

Para esta altura, ya se había ganado al tribunal entero. Estoy convencido de que un jurado hubiera absuelto totalmente a esta pobre alma. Concluyó su historia relatando los detalles de los delitos que se le imputaban. Era algo así:

El martes pasado me rechazaron para un buen trabajo en la empresa siderúrgica. Yo estaba furioso. Era mi única oportunidad de ganar algún dinero y tener una vida mejor. Mi esposa estaba visitando a sus padres en Tennessee cuando esto ocurrió. Dejé a mis dos hijos en casa. Ahora sé que eso estuvo mal. La pequeña Aimee tiene cinco años y mi hijo, sólo dos.

Después de ser rechazado en ese empleo, me embriagué. Tanto, que no recuerdo lo que sucedió durante los tres días siguientes. Desperté en la cárcel del condado. Cuando me anunciaron los cargos, me puse a llorar. No tuve intención de abandonar a mis hijos. Nunca los hubiera dejado solos durante tres días. La policía dice que robé un auto. Su Señoría, yo estaba totalmente ebrio, fuera de mis cabales. No recuerdo haberlo hecho. Por favor, compréndame. Nunca volveré a hacerlo.

Las lágrimas brotaban de sus ojos, pero no podía enjugarlas porque tenía las manos esposadas. Excepto por algunos sollozos ahogados aquí y allá, el salón estaba en completo silencio. Todos esperaban la decisión del juez. Todos estaban seguros de que mostraría misericordia.

Volviéndose hacia el abogado defensor, el juez preguntó: "¿Tiene la defensa algo que agregar al caso?"

"Nada, Su Señoría. Sólo solicitar que usted considere las circunstancias y tenga piedad", respondió el abogado.

En diez segundos, todo terminó. Sin remordimientos, sin siquiera pestañear, el juez dictó su sentencia. Veinticinco años en la penitenciaría.

Conmocionado, sin poder creerlo, me quedé sentado murmurando. Yo había llegado a ese tribunal para tratar de ayudar a este pobre hombre con su vida. Estábamos operando un programa de rehabilitación para drogadictos que muchas veces salía en defensa de jóvenes como éste. El juez sabía que yo estaba presente en el tribunal; conocía mis buenas intenciones de ayudar a este hombre. ¿Por qué había sido tan duro, tan frío?

Pocos minutos después me encontré con los hechos, duros y fríos. En la oficina del juez descubrí que este hombre había sido arrestado por cargos similares al menos siete veces anteriormente. Cada vez, el juez le había mostrado clemencia. Muchas veces, aun yendo contra su propio juicio, había dado la oportunidad al hombre de cambiar de vida.

Al acusado se le habían dado todas las chances, desde un entrenamiento especial hasta asignaciones estatales. Nada sirvió. El no quería cambiar. Era un mentiroso, un estafador: lo que el estado llamaba un "criminal recurrente". Me había engañado a mí, y a muchas personas más, en el tribunal, sin mostrar remordimiento alguno por sus actos. Las lágrimas eran falsas. La historia estaba llena de exageraciones y mentiras. Y este juez conocía al hombre. Ahora me decía: "Esteban, ¡no quiero volver a ver ese rostro en mi tribunal otra vez!"

LAGRIMAS DE TEMOR

Estafadores ante el altar. ¿Quiénes son? ¿Qué se proponen? ¿Por qué lo permite Dios? Todas son buenas preguntas. Todas merecen buenas respuestas.

Un estafador es alguien que engaña. Que defrauda a los demás. Una persona que actúa en forma egoísta y sin pensar. En resumen, es un mentiroso.

Hoy, la iglesia de Jesucristo está llena de estafadores. Personas que le mienten a Dios. Engañan a sus amigos. Se burlan del mover del Espíritu Santo. No hay vida verdadera en ellos. Tienen apariencia de piedad, pero niegan la eficacia de ella. Visten el manto del cristianismo pero huyen de la cruz. Cantan las alabanzas de Dios mientras huyen de su pureza. Son estafadores; Judas Iscariotes. "¿Qué puedo obtener de provecho en esto?" es la pregunta que repiten. "¿Qué beneficio me reportará todo esto de la religión?"

El profeta Malaquías advirtió:

"...Yo no tengo complacencia en vosotros, dice Jehová de los ejércitos, ni de vuestra mano aceptaré ofrenda.... trajisteis lo hurtado, o cojo, o enfermo, y presentasteis ofrenda. ¿Aceptaré yo eso de vuestra mano? dice Jehová. Maldito el que engaña, el que teniendo machos en su rebaño, promete, y sacrifica a Jehová lo dañado. Porque yo soy Gran Rey, dice Jehová de los ejércitos, y mi nombre es temible entre las naciones" (Malaquías 1:10, 13, 14).

Lo he visto una y otra vez: lágrimas, pero no de arrepentimiento, fluyen de los ojos de un estafador atrapado "con las manos en la masa". Al ver que no tiene salida, llora, llora, y llora. Los actores de Hollywood no podrían siquiera tratar de imitar semejante demostración de angustia. Pero sus mentiras se han vuelto en contra suya. Acorralado, se quebranta, y a sus pies se forma un lago de lágrimas. "¡Lo siento! ¡Lo siento! ¡Por favor, perdóname!"

En las prisiones, a esto se le llama "la salvación de la cárcel": un hombre está en problemas, entonces clama a Dios: "¡Hazme salir de esto, Señor, y te serviré todos los días de mi vida!" Pero clama con un corazón dividido. Exteriormente parece muy real, pero en el interior son solamente palabras sin sentido.

¿Cuándo comprenderemos la advertencia de Salomón: "Cuando a Dios haces promesa, no tardes en cumplirla; porque él no se complace en los insensatos. Cumple lo que prometes. Mejor es que no prometas, y no que prometas y no cumplas" (Eclesiastés 5:4, 5).

No te engañes; Dios no puede ser burlado. Las lágrimas de los estafadores no son de arrepentimiento, sino de temor. Fueron atrapados en el acto mismo; es inminente la exposición total. Toda su forma de vida está en jaque: todo está a punto de irse a los caños. El viejo axioma resuena una vez más con su verdad: una mentira lleva a otra mentira, y todas forman una red de la que es muy difícil salir.

¡Estafadores ante el altar! En resumen: nada puede esconderse de Dios. Una persona puede pensar durante horas formas de cubrirse, prefabricar cada detalle y llevar a cabo lo suyo con la mayor precisión, armar una mentira con la mayor habilidad, enterrar la verdad en lo más profundo del pozo del engaño, y echar en ese pozo toneladas de tierra de mentira: ¡Bueno, con esto será suficiente! Se sacude la tierra de las manos, cubre la verdad con una manta de mentiras... pero no termina de esconderla.

La Palabra de Dios nos persigue con su advertencia: "Si nos hubiésemos olvidado del nombre de nuestro Dios, o alzado nuestras manos a dios ajeno, ¿no demandaría Dios esto? Porque él conoce los secretos del corazón" (Salmo 44:20, 21).

"Oh Jehová, tú me has examinado y conocido. Tú has conocido mi sentarme y mi levantarme; has entendido desde lejos mis pensamientos. Has escudriñado mi andar y mi reposo, y todos mis caminos te son conocidos. Pues aún no está la palabra en mi lengua, y he aquí, oh Jehová, tú la sabes toda" (Salmo 139:1-4).

¡Atrapado en el mismo acto! Pero espera: es sólo una persona que debes engañar. "Ya sé lo que haré", dice el estafador. "Simplemente debo actuar. No me pondré violento ni intentaré escapar. Lloraré. Lágrimas, eso es. ¡Que fluya el río! Vamos, vamos, tú puedes. Llora como un niñito que quiere escapar del castigo. Gime y retuércete. Quizá funcione."

"¡Bingo! Qué impresión les causé. Creo que cayeron. ¡Me merezco el Oscar!"

Es cierto; puedes engañar a cualquier persona. Pero a Dios no. Un estafador puede engañar a un ser humano, pero no a Cristo. Puede derramar lágrimas como para llenar baldes. Puede inundar el piso del tribunal. Puede usar una caja de pañuelos descartables y pedir otra. Pero: ¡"Vanidad de vanidades", grita el predicador en Eclesiastés!

En un flash, el juego se acaba. ¿Acaso hemos olvidado a nuestros queridos hermanos Ananías y Safira? ¿Por qué ya nadie enseña la teología del "cáete muerto"? Ya sabes: ¡intenta engañar a Dios, y morirás! En un instante estás llorando y rogando, y al siguiente, estás muerto. Con tus palabras le das a Dios la mitad, y a cambio, él corta tu vida por la mitad. La iglesia de este tiempo es rápida para reclamar los dones de Dios... ¿pero por qué niegan este pasaje del Libro de los Hechos?

Leámoslo:

"Pero cierto hombre llamado Ananías, con Safira su mujer, vendió una heredad, y sustrajo del precio, sabiéndolo también su mujer; y trayendo sólo una parte, la puso a los pies de los apóstoles. Y dijo Pedro: Ananías, ¿por qué llenó Satanás tu corazón para que mintieses al Espíritu Santo, y sustrajeses del precio de la heredad? Reteniéndola, ¿no se te quedaba a ti? y vendida, ¿no estaba en tu poder? ¿Por qué pusiste esto en tu corazón? no has mentido a los hombres, sino a Dios" (Hechos 5:1-4 y ss.).

LOS OJOS DEL SEÑOR ESTAN EN TODO LUGAR

Permítame detenerme en este punto y formular una simple pregunta: Por empezar, ¿para qué iría alguien al altar tratando de engañar a Dios? ¿Para ser visto por los demás? Hablemos de querer lo mejor de ambos mundos. No era el dinero de la venta de la tierra lo que había sido dividido; eran los corazones de la pareja. En el terreno de sus corazones había un cartel que decía: "Se vende. Precio a negociar."

Ananías y Safira eran estafadores ante el altar. Habían planeado todo con anticipación. "Medita maldad sobre su cama; está en camino no bueno, el mal no aborrece" (Salmo 36:4). En lo secreto de su hogar planearon lo que harían. Perfecto: gana Dios, ganamos nosotros. Pero no comprendieron plenamente la complejidad de su delito.

A Dios no se lo arregla con mitades. Nuestro entendimiento humano protesta: "Eso no es justo. Después de todo, ellos le estaban dando algo a Dios. Miles de personas fuera de la iglesia estaban desperdiciando todo en sí mismos. ¿Por qué los juzgó Dios tan duramente? ¿Estaba estableciendo su señorío en la iglesia local? ¿Estaba protegiendo a este nuevo grupo de creyentes de los hipócritas y engañadores que pudieran entrar en él? ¿Se recuperaría la iglesia de tan devastador golpe?"

No entraré en el territorio de estas preguntas específicas ahora. Porqué Dios hizo lo que hizo, es un misterio. Pero hay algo que sigue siendo obvio: Ananías y Safira no pesaron las posibles repercusiones de su engaño. Lo que ellos planearon en secreto quedó a la vista de todos. Cualquier criminal puede decírtelo: cuando cometas "el" crimen perfecto, asegúrate sobre todo de que no haya testigos. Pero la verdad cruda del asunto es que siempre habrá tres testigos oculares de la escena: el Padre, el Hijo y el Espíritu Santo.

"¿Adónde me iré de tu Espíritu? ¿Y adónde huiré de tu presencia? Si subiere a los cielos, allí estás tú; y si en el Seol hiciere mi estrado, he aquí, allí tú estás" (Salmo 139:7, 8).

"Los ojos de Jehová están en todo lugar, mirando a los malos y a los buenos" (Proverbios 15:3).

Quiero compartir contigo un dolor personal, muy profundo, algo que me entristece más de lo que puedas imaginar jamás. Es un dolor que me ha hecho llorar muchas veces. En todo el mundo he tenido que luchar continuamente contra esto que me produce un nudo en la garganta.

Estoy hablando de los que viven la vida a medias. Mientras seguimos llevando los perdidos a Jesús, y los ciegos espirituales reciben la vista por primera vez, y los hijos pródigos regresan al hogar, mi constante oración a Dios es:

Por favor, Señor, haz que siempre estén rodeados de cristianos sinceros. Apártalos de los jóvenes "tibios". Que este amor por ti tan nuevo no se contamine con el contacto de aquellos que profesan conocerte pero viven en la oscuridad. Que conozcan cristianos que oran más en secreto que en público. Que conozcan guerreros, no debiluchos. Cuando entren a la casa del diácono, Señor amado, que encuentren una Biblia gastada. Ponlos en el camino de la pureza. Ciega sus ojos a la hipocresía. Guárdalos, querido Jesús, de los estafadores. Amén.

Sabemos lo que les sucedió a nuestros compañeros de fe, Ananías y Safira. Ambos cayeron muertos en presencia tanto de Dios como del hombre. Muchas veces me pregunto qué sucedería si Dios les permitiera retornar a la tierra hoy. Ya sabes... la última oportunidad de redimirse. ¡Qué mensaje podrían predicar! Hace siglos, su error hizo correr una oleada de santo temor por toda la tierra. Creo que su mensaje, hoy, causaría el mismo efecto.

Piénsalo: ellos ni siquiera tuvieron la oportunidad de llorar. ¡Tendrían que haber guardado parte de la tierra para que pudieran enterrarlos! No comprendieron que su mentira, tan cuidadosamente planeada, se convertiría en el instrumento de su propia ejecución. Cayeron... como mártires del dios de la codicia. Como ejemplo para todos. ¿Quién engañó a quién?

¿Por qué querría alguien cometer tal crimen? ¿Por qué ofrecer a Dios fuego extraño? ¿Por qué el rey Saul dejó a Dios y desobedeció sus mandatos? La basura de los estafadores está esparcida por toda la Biblia:

"Entonces Saúl dijo a Samuel: Yo he pecado; pues he quebrantado el mandamiento de Jehová y tus palabras, porque temí al pueblo y consentí a la voz de ellos. Perdona, pues, ahora mi pecado, y vuelve conmigo para que adore a Jehová. Y Samuel respondió a Saúl: No volveré contigo; porque desechaste la palabra de Jehová, y Jehová te ha desechado para que no seas rey sobre Israel" (1 Samuel 15:24-26).

¡Pum! Cae el martillo. ¡Así dijo el Señor!

Vamos... ¡trata de llorar! Dóblate y trata de sacar las lágrimas. "Y volvisteis y llorasteis delante de Jehová, pero Jehová no escuchó vuestra voz, ni os prestó oído" (Deuteronomio 1:45).

Realmente, la razón por la cual se cometen estas ofensas no es debido a un terrible miedo del hombre, sino más bien a la falta de temor y temblor delante del Dios Todopoderoso. "La iniquidad del impío me dice al corazón: No hay temor de Dios delante de sus ojos" (Salmo 36:1). Resumiendo: "Teme a Dios, y guarda sus mandamientos", dice el predicador (Eclesiastés 12:13).

Ahora trata de reemplazar el terror de estar frente a un juez terrenal con la realidad de enfrentar el juicio final, y repentinamente las cosas cambian. Olvida las miradas de acero y el tribunal terrestre. Ponte frente a Aquel cuya mirada atraviesa las tinieblas. Aquel cuya sola mirada nos deja desnudos.

Enfrenta los hechos: vivimos constantemente bajo la mirada de tres testigos oculares: "El principio de la sabiduría es el temor de Jehová" (Proverbios 1:7).

No será necesario un juicio, porque el Juez ha sido testigo de cada acto. Estamos indefensos delante de él. No podremos presentar nuevas pruebas. Nadie entrará corriendo al tribunal por ti, para cambiar la decisión.

Dios no se deja engañar por las lágrimas falsas. No lograremos estafarlo con nuestra conmovedora historia. Hemos traspasado los límites. Como para el hombre que lloraba sin arrepentirse delante del juez, ya todo ha terminado.

Vamos, llora como un niño. Intenta hacerlo lo mejor posible. Pon tu carga sobre él.

Ya baja el martillo: ¡Culpable!

Ya caen los cuerpos: ¡Ananías y Safira!

Ya resuena el rechazo del profeta: ¡El rey Saúl!

Estafadores ante el altar: ¡Cuidado! ¡Dios no ha cambiado!

D I E Z

LAGRIMAS
DE
ARREPENTIMIENTO

En lo más profundo del ser de cada hombre y cada mujer
existe una fuente que espera estallar...
y esto sucede cuando finalmente comprendemos en realidad
quiénes somos en relación con Dios.

La joven no podía creer lo que veía. Mientras sus amigos se apresuraban a pasar al frente, al altar, pidiendo perdón, ella se quedó sentada murmurando: "¡Mentiras! ¡Todo esto es un montón de mentiras!" Furiosa, se retiró del salón, cerrando de un golpe la puerta detrás de sí.

Dentro del salón, la presencia del Señor continuaba derritiendo los corazones como si fueran hechos de cera. Pero en el exterior, los fuegos del infierno rugían endureciendo el corazón de Julie hacia la verdad de Dios. Como una bestia herida, la joven se paseaba de un lado a otro, lista para descargarse contra alguien. Yo fui su primera víctima.

"¡Esto es solamente un montón de basura!", me gritó. Con palabras demasiado explícitas como para repetirlas aquí, me dejó bien en claro cuál era su posición. Como un animal a punto de atacar, siguió vomitando maldiciones. Toda su rabia interna, su dolor y su amargura se expresaban en palabras. Con ojos feroces me apuntó con el dedo directo a la cara y gritó: "¡Usted es tétrico, hombre! Mire lo que les ha hecho a mis amigos. ¡Fuera de aquí!

Yo sé lo que creo, ¡y no es esto!"

"Entonces vete a casa", le dije. "Toma lo que crees, y vete a tu casa."

Pero ella no estaba dispuesta a hacerlo. Como si la aferrara una fuerza exterior a sí misma, se quedó allí.

"Julie, mírame", le ordené. Ella dejó de caminar de un extremo a otro y me miró con desprecio. "Puedes correr, pero no lograrás esconderte", continué.

"Esta noche, tú has sido confrontada por la cruz. La verdad te ha atrapado, y no hay escape. Vamos, escóndete. Entiérrate en los arbustos. Ve a tu casa, escóndete en el sótano. Aléjate de mí y del mensaje que te persigue. Pero sabe esto: lo que sientes te seguirá. Nunca te abandonará. La verdad suele quedarse. Aparece en los momentos más inoportunos. El Espíritu te ha atrapado, Julie. Puedes presentar mil excusas, pero no lograrás escapar."

Ella miró más allá de donde yo estaba, al auditorio de la escuela donde vio a sus amigos. La banda entera de adolescentes se había rendido en presencia del Señor durante una de nuestras cruzadas. Yo había visto esto antes: docenas de jovencitos sollozando abiertamente en la presencia del Señor.

Los amigos de Julie lloraban sin control. Había gozo en sus rostros, un gozo que evidenciaba la paz que sentían en sus corazones. La rebelión había cedido el paso al arrepentimiento, y ahora estaban profundamente enamorados de Jesús. Sólo unos momentos antes habían estado burlándose del mensaje. ¡Ahora querían proclamarlo por todo el vecindario!

Es un misterio. La Biblia dice: "Yo, Jehová,... (que) pruebo el corazón" (Jeremías 17:10). Algunos, al oír la preciosa Palabra de Dios, se doblan, caen rendidos al suelo y lloran lágrimas de arrepentimiento. La verdad sencillamente los atraviesa. Permiten que se produzca el examen, y los resultados los quebrantan.

Pero quizá otros escuchen el mismo mensaje en el mismo lugar, y estén expuestos a la misma unción, pero se endurecen. Como Faraón en los días de la provocación, endurecen sus corazones, apagan al Espíritu y niegan su presencia.

"...y el corazón de Faraón se endureció, y no los escuchó;

como Jehová lo había dicho. Y Faraón se volvió y fue a su casa, y no dio atención tampoco a esto" (Exodo 7:22, 23). Aún cuando sus magos exclamaron: "Dedo de Dios es éste" (Exodo 8:19), él continuó con su férrea negativa. Más tarde, cuando las plagas empeoraron, sus propios siervos le rogaron: "Deja ir a estos hombres, para que sirvan a Jehová su Dios. ¿Acaso no sabes todavía que Egipto está ya destruido?" (Exodo 10:7). Todo esto no sirvió de nada. Como destinado a la destrucción, Faraón continuó rechazando lo que era obvio.

Hoy, como Faraón, muchos gritan por dentro: "¡Esto es sólo basura!" Explican racionalmente la convicción, calmando su hombre espiritual con una sarta de mentiras. Maldicen la cruz, escupen al Salvador y se alejan a grandes zancadas, quitándose de encima todo posible efecto.

"¡Deje de meterse en mi vida!", gritó Julie.

Pero también hay lágrimas de arrepentimiento sinceras. ¡Qué hermoso es verlas! Las vi fluyendo libremente de los ojos de Billy. Minutos antes, él era duro como una roca. Ahora, blando como la arcilla. Otra confrontación desafiante con el ámbito espiritual, y Jesús se llevó la victoria. Observando cómo estos adolescentes intercambiaban lágrimas y abrazos, recordé las palabras del salmista: "De parte de Jehová es esto, y es cosa maravillosa a nuestros ojos" (Salmo 118:23).

Una de las más notables evidencias de la obra interna del Espíritu es la aparición de lágrimas sinceras, enviadas por Dios, fluyendo de los ojos de un pecador. "Porque tus saetas cayeron sobre mí, y sobre mí ha descendido tu mano. Nada hay sano en mi carne, a causa de tu ira; ni hay paz en mis huesos, a causa de mi pecado" (Salmo 38:2, 3). Las aguas que caen de los ojos de un corazón sin Dios muchas veces son señal genuina de que Dios lo está atravesando.

Los escépticos quizá desconfíen de esto, ya que aparentemente es como colocar las emociones expresadas en lo exterior por encima de una verdadera convicción de pecado. No niego que hay muchos que son artistas del engaño (hemos dedicado un capítulo entero a los estafadores). Pero el arrepentimiento y las lágrimas son como un matrimonio ordenado por Dios: van bien juntos.

Como evangelista, no puedo pasar por alto fácilmente el llanto de una persona. Estoy bien consciente de que es posible que haya un engaño, pero ¿quién soy yo para juzgar la sinceridad de otra persona? Las lágrimas empaparon mis mejillas al terminarse esos doce años en los que me atormentó la adicción a las drogas. Y hoy yo sigo adelante, con la esperanza de que las lágrimas de arrepentimiento de un pecador sean producto verdadero de una profunda convicción de pecado.

El hombre que me llevó a la cruz jamás me dijo: "¡Sécate los ojos! ¡Arregla tus cosas con Dios!" No; él detectó algo genuino en mis lágrimas. El esperó y oró. Sí, el hijo pródigo volvía a casa. Dolor y miseria se habían acumulado en mí durante años, y la única forma de expresión que encontraban eran las lágrimas. Fui a la cruz y lloré. Lloré pidiendo misericordia. Y el resultado fue permanente.

Ni todos los libros del mundo podrían alcanzar para relatar las historias de quienes han derramado sinceras lágrimas de arrepentimiento. Al reconocer su estado de pecaminosidad, ellos se volvieron a Cristo, lloraron palabras de dolor y siguieron adelante con una vida de santidad.

"¿Puede alguien recibir a Cristo sin llorar?", te preguntarás. Por supuesto. Pero creo que en lo más profundo del ser de cada hombre y cada mujer existe una fuente que espera estallar...y esto sucede cuando finalmente comprendemos en realidad quiénes somos en relación con Dios y su santidad. Richard Foster, en su libro, La oración, señala: "No es que seamos pecadores porque cometemos actos pecaminosos; por el contrario, cometemos actos pecaminosos porque somos pecadores . Por medio de la oración de lágrimas le concedemos a Dios la oportunidad de que nos muestre nuestra pecaminosidad y la pecaminosidad del mundo a un nivel emocional. Hasta donde logro comprender, las lágrimas son la forma que Dios usa para ayudarnos a descender con la mente hacia nuestro corazón y desde ahí rendirnos en perpetua adoración y alabanza."[1]

He visto suceder esto demasiadas veces como para negarlo. Desde criminales con cara de piedra hasta deportistas estrella, las personas se deshacen cuando se las confronta con la verdad.

Pero la prueba verdadera del alma de una persona es cuando está a solas con Dios. Cuando la puerta se cierra y los amigos se han ido, la máscara se quita, y somos quienes realmente somos. Las lágrimas pueden derramarse en un lugar repleto de gente o en la soledad de nuestro hogar. El Señor simplemente desea que seamos honestos.

Pero somos muy mentirosos cuando se trata de mostrar nuestra verdadera naturaleza. La Biblia dice: "...tú amas la verdad en lo íntimo" (Salmo 51:6). ¿Te imaginas lo que sería nuestro mundo si todos dejáramos de representar roles y nos mostráramos como somos? ¿Si enfrentáramos nuestra condición y lloráramos abiertamente, como lo hizo Jesús? Somos solamente un grupo de actores en un escenario. Pero si repentinamente nos quitan el guión, el maquillaje, y los disfraces, quedamos expuestos.

Henry Scougal habló sobre este tema hace más de doscientos años, en una carta a un amigo:

Toda nuestra maldad e imperfecciones, nuestras locuras y pecados, pueden ayudar a derribar ese querido y altamente idealizado engaño que nos gusta creer acerca de nosotros mismos. Aquello que hace que alguien nos estime, es su conocimiento o captación de algún pequeño bien, y su ignorancia del gran mal que puede haber en nosotros; si estuvieran verdaderamente familiarizados con nosotros, cambiarían rápidamente de opinión.[2]

Y continuó:

Los pensamientos que pasan por nuestro corazón en el mejor, el más serio de los días de nuestra vida, al ser expuestos a la visión pública, nos harían quedar en ridículo o parecer odiosos; y sin embargo, ahora, ocultamos nuestras fallas los unos de los otros; pero seguramente somos conscientes de ellas nosotros mismos, y algunas serias reflexiones sobre ellas aliviarían y calificarían en gran medida la vanidad de nuestros espíritus.[3]

Henry Scougal escribió estas palabras en Escocia, a la edad de veintiséis años. Durante más de dos siglos, ellas han llamado a hombres y mujeres de Dios a una vida de honestidad. Sus palabras siguen hablando más que muchos volúmenes.

¡Confrontados por la verdad! Cuando se predica la Palabra de Dios, algo sucede en quien la escucha. El que verdaderamente escucha la verdad se encuentra en una crítica encrucijada: He sido expuesto. Ahora, ¿qué haré?

El dolor piadoso lleva al piadoso arrepentimiento. El rey David estuvo en esta encrucijada. Seguramente recuerdas la historia: David estaba en el lugar equivocado, a la hora equivocada, mirando a la mujer equivocada. "...sino que cada uno es tentado, cuando de su propia concupiscencia es atraído y seducido. Entonces la concupiscencia, después que ha concebido, da a luz el pecado; y el pecado, siendo consumado, da a luz la muerte" (Santiago 1:14, 15).

David cayó en adulterio con Betsabé y cubrió su pecado haciendo matar al esposo de ésta, Urías. Pero el dolor lo embargaba; el peso de la culpa era demasiado pesado para soportarlo. Entonces el profeta Natán entró en escena. Mirando más allá de la corona del rey, vio a un cobarde y a un criminal. Sus palabras atravesaron el corazón de David: "¡Tú eres ese hombre!", exclamó el profeta.

¡Oh, cuánto agradezco a Dios por los hombres y mujeres de Dios que son valientes! ¡Aquellos que viven bajo el temor de Dios, no el temor del hombre! Puedes haber matado a Urías, pero la verdad mortal permanece. Una vez más, la verdad te tiene atrapado. Tu disfraz falló. Ahora estás desnudo, expuesto a los elementos. ¡Tú lo hiciste! Nadie conoce la verdad sobre esto, sino solamente Dios. Pero ya basta. Se terminó. Ahora cada detalle del engaño es relatado con la más minuciosa exactitud. El crimen tan cuidadosamente planeado y cometido. ¡Qué desperdicio! ¡Qué necedad!

El cadáver de Urías se descomponía mientras su sangre inocente clamaba al cielo. Pero el hedor no provenía de carne y sangre. Provenía del corazón de David: "¡La putrefacción de tu corazón!", clama Dios. "¡Es el olor espantoso de tu suciedad!" ¡Culpable! ¡Eres acusado y hallado culpable!

David se arrepintió. El era hombre de lágrimas, y el sacrificio que trajo al altar fue un espíritu quebrantado. "...al corazón contrito y humillado no despreciarás tú, oh Dios" (Salmo 51:17).

David pasó de las profundidades del pecado a las alturas del perdón. El supo lo que era vivir fuera de la comunión con Dios. Conoció la agonía de la derrota, y el inexpresable gozo del perdón.

Su historia se repite incontables veces en todo el mundo, cada día. El predicador predica, y alguien que tiene una necesidad escucha. La Palabra de Dios lo atraviesa profundamente.

"La Palabra de Dios es viva y eficaz, y más cortante que toda espada de dos filos; y penetra hasta partir el alma y el espíritu, las coyunturas y los tuétanos, y discierne los pensamientos y las intenciones del corazón. Y no hay cosa creada que no sea manifiesta en su presencia; antes bien todas las cosas están desnudas y abiertas a los ojos de aquel a quien tenemos que dar cuenta" (Hebreos 4:12, 13).

El predicador coloca un modelo delante de quien lo escucha; un ejemplo sin pecado; un hombre perfeccionado; Aquel que fue tentado en todo, pero sin pecado; Aquel que no estimó su vida aun cuando enfrentaba la muerte; Aquel cuyo propósito fue que nadie pereciera, sino que todos vinieran al arrepentimiento; Aquel que sufrió más abuso y ridículo en unas pocas horas que lo que la mayoría de los hombres sufren en toda su vida; Aquel que hizo todo por los demás.

Cuando comprendemos esta verdad, cuando el Espíritu Santo comienza a convencer a una persona extraviada de su problema, cuando todo el cielo desciende y todo el infierno mira hacia arriba para verlo... ¡oh, qué éxtasis, qué gozo! ¡La batalla arrecia sobre el suelo sangriento del corazón, y todos los vanos argumentos arden como hojarasca ante la Palabra del Señor!

Durante siglos, hombres y mujeres de Dios han sido testigos del divino pesar unido a las lágrimas. Jonathan Edwards, en su libro sobre la vida de David Brainerd, misionero a los indios estadounidenses en el siglo dieciocho, escribió:

Personas de piel seca por el sol, que antes habían sido ligeramente despertadas, ahora se sentían profundamente heridas por el sentido de su pecado y su miseria.

"Un hombre en particular," escribe Brainerd, "había sentido especialmente el corte de la espada de dos filos de Dios. Parecía estar profundamente conmocionado, como si ella lo hubiera atravesado en el corazón; toda la maldad de su pasado se presentaba fresca en su recuerdo; y veía cada acto vil tan claramente como si lo hubiera cometido ayer."

Varios hombres ancianos también estaban profundamente conmovidos por sus almas... no podían dejar de llorar y clamar en alta voz. "Sus amargos lloros eran tan convincentes, al tiempo que conmovedoras evidencias de la realidad y profundidad de su angustia interior."[4]

¿Recuerdas a Julie, Billy y el resto de la banda? Al principio se burlaban del mensaje, simulando que el Espíritu no los afectaba. Se hacían ver, riendo, haciendo bromas y apartándose en su pequeño grupo. Entonces sucedió. Mientras yo predicaba a Cristo, y a éste crucificado, mientras él era levantado, el cielo entero descendió. Los ojos secos se humedecieron. Billy luchaba por contener las lágrimas. Esperando poder esconderse, discretamente trataba de secar con su mano lo que era producido por el toque del Espíritu, pero sin lograrlo. Dios había ganado. La verdad había triunfado. Lo siguiente fue la oración de entrega, sumergida en sinceras lágrimas de arrepentimiento. ¡Un nombre nuevo en la gloria!

Pero... ¿qué de Julie? Ella era la novia de Billy. Como lo mencioné antes, algunos se endurecen mientras otros se deshacen. Algunos maldicen mientras otros lloran. A medida que el Espíritu de Dios descendía en esa cruzada en particular, todos se vieron repentinamente expuestos.

Como Adán y Eva, atrapados en el mismo acto, Julie huyó de su presencia. Pero realmente, no hay lugar donde esconderse. Dios requiere una respuesta: sí o no, aceptar o rechazar, estar adentro o afuera, amar u odiar, cielo o infierno. Ella estaba en la encrucijada.

Julie se arrancó la convicción que la había apresado. Luchó, y esa noche ganó. Pero al final, perderá. Quizás esta vuelta haya terminado, pero el resultado del partido aún no se define.

Vamos, usa todos los trucos que sepas. Patea y muerde. Saca tus guantes de hierro y golpéalo. Es todo en vano... es como luchar contra el viento.

Sal corriendo del lugar. Grita en contra del predicador. Maldice al Salvador. Julie me mantenía a una distancia segura. "¡No se acerque!", gritaba. "¡Aléjese de mí!"

Puedes mantener al predicador a una distancia segura, pero no a Dios. "He aquí que no se ha acortado la mano de Jehová para salvar, ni se ha agravado su oído para oír" (Isaías 59:1).

Un día, todo terminará. Se terminarán los puntapiés y los gritos; sólo habrá llanto y crujir de dientes. No habrá más predicadores de palabras encendidas; sólo castigo eterno. No habrá alivio para el dolor y la angustia. Voltea de un golpe la copa de agua aquí en la tierra... y morirás de sed por una gota de ella en el infierno.

Una palabra para el predicador: agradece al Señor cuando veas verdaderas lágrimas de arrepentimiento. Regocíjate en esa honestidad. Agradece a Dios porque alguien le dijo que sí.

Una palabra para el apartado, para el pecador: Cava más profundo. Busca en tu corazón. Sé honesto contigo mismo y con Dios. No mientas. Quiera Dios que experimentes una revelación bañada en lágrimas.

Cierro este capítulo con una cita de Henry Ward Weecher: "Ningún hombre puede bajar a las tinieblas de la prisión de su experiencia y sostener la antorcha de Palabra de Dios en todas sus oscuras cámaras, cavidades ocultas y sucios recovecos, sin salir temblando y con escalofríos, clamando sinceramente a Dios por su misericordia y su limpieza divinas."[5]

Llora y sácate eso de encima, amigo mío. Que la suciedad y la corrupción suban hasta el borde y se derramen hacia afuera en un río de lágrimas.

O N C E

U N A   V A S I J A
P A R A
G U A R D A R   T U S
L A G R I M A S

¿Entiende realmente Dios nuestro dolor
o nuestro pesar, cuando lloramos?
¿Puede realmente sentir lo que nosotros sentimos?

Eran las dos de la madrugada. Esther escuchó ruidos fuera de la casa y codeó a su esposo para que fuera a investigar.

Pocos minutos después, él volvió con la pistola calibre 32 que había tomado del último cajón. "Es sólo un mapache, querida", le aseguró. "Probablemente está buscando gallinas. Voy a tener que matarlo. Volveré enseguida."

Esther y Ralph disfrutaban plenamente de la vida. Se habían mudado de Michigan a los alrededores de Seattle luego de casarse y se habían instalado en una hermosa casa de campo en Vashon Island.

Esther, principalmente, amaba en forma muy especial la música y los animales. En esa ocasión decidió recurrir al sonido calmante de su órgano. Mientras Ralph iba tras el mapache, Esther se sentó a tocar, esperando tapar las estampidas de los disparos con música. Su decisión resultó fatal.

Cuando Ralph abrió la puerta de la casa para salir al exterior, el animalito se escurrió debajo del automóvil.. Ralph disparó dos veces, y falló en ambas. Entonces el mapache saltó al techo del auto, provocando lo que sería el disparo fatal.

Se llama "accidente bizarro", de esos que suceden una vez en un millón de años. La bala disparada por la pistola de Ralph atravesó la pared de la casa, rebotó e hirió a Esther en el pecho, mientras estaba sentada al órgano. Herida, Esther cayó al suelo. Pocos días después murió en el hospital de Seattle.

Fue una de esas situaciones en que uno suele decir "si hubiera...". Si hubieran seguido durmiendo a pesar de los ruidos que hacía el mapache. Si el animalito hubiera huido cuando el primer disparo atravesó el aire de la medianoche. Si Esther se hubiera quedado en cama mientras Ralph perseguía al mapache. Si el órgano hubiera sido colocado unos centímetros más a la derecha o a la izquierda. Si hubieran decidido no comprar una pistola, y tener, en cambio, una escopeta. La lista continúa y continúa y acaba sólo en suposiciones inútiles.

Todos sabemos que a la gente buena le suceden cosas malas. Nadie tiene la culpa. Podemos preguntarnos por el resto de nuestros días porqué sucedería tal cosa, como lo que le sucedió a Esther, y nunca llegaremos a encontrar una respuesta. En resumen, lo que sucedió, sucedió, y es hora de aceptarlo.

Yo tenía tres años cuando sucedió este devastador incidente. Esther era la hermana mayor de mi madre. Recuerdo la escena que siguió como si fuera ayer.

Estaba jugando con mis juguetes en la sala de estar cuando sonó el teléfono. Era el tío Ralph llamando desde Seattle. Mamá contestó, y momentos después, comenzó a llorar desesperadamente. Dejé caer mis juguetes y fui hasta la mesa de la cocina, donde ella estaba.

Mamá no podía creer lo que estaba oyendo mientras le contaban del accidente. "Pero ella era tan joven, tan llena de vida, tan amorosa", murmuraba. Yo escuchaba su voz quebrada por la intensidad del dolor. "¿Por qué Esther?", sollozaba. Su hermana estaba muerta. Mamá sabía que no podría asistir al funeral porque estaba embarazada de mi hermana menor, Susie. El hecho de saber que ya nunca volvería a ver a su hermana sólo profundizaba su sufrimiento.

Este evento desolador sucedió hace más de tres décadas. En ese momento yo no podía comprender totalmente la situación, pero sí me daba cuenta de algo: mii mamá estaba sufriendo, y yo quería ayudarla. ¿Pero cómo se consuela a alguien que sufre por una muerte tan repentina? Simplemente decidí acercarme a ella y estar allí por si me necesitaba.

Lo que más recuerdo son sus lágrimas. Un fluir continuo de lágrimas caía sobre la mesa. Claro que yo no sabía que, en sentido figurado, estaba recogiendo sus lágrimas como recuerdo vivo de la trágica muerte de su hermana Esther. Mientras mi madre lloraba, yo levanté una botella imaginaria, la llené con sus lágrimas y la guardé para siempre en mi memoria. Ahora, como adulto, puedo ir atrás en el tiempo, buscar en los anaqueles de mi memoria y tomar esa pequeña botellita rotulada "Lágrimas de mamá por la muerte de su hermana Esther". Lágrimas guardadas en una vasija.

La mayoría de nosotros hemos experimentado situaciones similares durante nuestras vidas. Si pudiéramos detener el fragor de la vida diaria y permanecer quietos por unos pocos momentos, nuestras mentes nos llevarían de regreso a experiencias de llanto que no hemos olvidado.

Hace poco, una buena amiga, Christine, me relató un incidente que había grabado en su memoria. La historia no era trágica, pero había permanecido grabada en su mente debido a la presencia de las lágrimas en ella:

Mi padre es maestro de adultos en la clase de Escuela Dominical de mi iglesia. Hace unos pocos días me pidió que le relatara alguna situación particularmente memorable que hubiera sucedido durante mi niñez, relativa a su carácter de padre. No importaba si fuera buena o mala, quería escuchar un relato honesto de mi punto de vista como niña bajo su autoridad paterna. El evento volvió a mi memoria inmediatamente.

"Papá, el hecho que más me conmocionó cuando era pequeña es algo que quizá tú ni siquiera recuerdas", le dije. "Yo era una adolescente, y en franca desobediencia, me había escapado de casa mientras tú y mamá cenaban afuera. Al enterarte, mostraste una emoción que tus hijos nunca habíamos visto."

Supongo que él esperaba que yo compartiera algún castigo o quizás unas fabulosas vacaciones familiares en la playa. O quizás esa mañana de Navidad en que vi debajo del árbol una reluciente bicicleta nueva. O todas esas veces que pasamos juntos, luchando con las ecuaciones de matemáticas. Pero yo tenía razón: él no recordaba para nada este pequeño incidente.

"Papá, tú convocaste a una reunión de la familia. El tribunal se estableció en la cocina, y tú eras juez y jurado, mientras que yo era la acusada. Recuerdo que cuando entraste al cuarto tenías una mirada que reflejaba remordimiento. En lugar de enojo, vi pena. Sentado a la mesa, tú comenzaste a relatar tus fallas a toda la familia. Dijiste que eras un fracaso como padre, y te echaste la culpa por mis acciones. Tus expresiones revelaban tanto desánimo, tanta tristeza... entonces sucedió. Comenzaste a llorar."

"Yo nunca te había visto llorar, papá", continué. "Había visto enojo, risa y una tremenda variedad de emociones en ti, pero nunca te había visto llorar. Tus lágrimas fueron mi castigo. Yo era culpable. No eran necesarias más pruebas. Fue peor que un castigo físico, mucho peor que dejarme encerrada en casa. Tú llorabas por mí los años siguientes. Tú llorabas, y las lágrimas caían sin cesar. Era como esa tortura china que todos conocemos, cuando el enemigo tiene que soportar días y días en un lugar donde una gota cae sobre su cabeza continuamente. Tus lágrimas hicieron más que muchos años de consejos como padre. Ese fue el día, papá, en que vi tu corazón. Tus lágrimas hicieron que deseara cambiar."

Ese día, sin saberlo, Christine había hecho lo mismo que yo hice cuando mi madre se enteró de la trágica muerte de su hermana Esther. Ella guardó las lágrimas de su padre como recuerdo vivo de la muerte de sus actos de desobediencia. Ahora, años después, leía la etiqueta de esa botellita: "Lágrimas de papá por mi desobediencia".

La mayoría de nosotros podría relatar historias similares de eventos inolvidables grabados en nuestras mentes por la presencia de las lágrimas. Como un río de suave fluir, la corriente de las lágrimas tiene la capacidad de cortar el terreno duro y dejar una marca eterna en nuestras mentes. Muchos de nosotros podemos seguir el curso de las lágrimas hasta encontrar la fuente. Inconscientemente, colocamos un "cartel" que señala esos eventos en nuestra historia. Sí; todos coleccionamos lágrimas.

El apóstol Pablo se refiere al poder de las lágrimas en su segunda carta a Timoteo: "Doy gracias a Dios, al cual sirvo desde mis mayores con limpia conciencia, de que sin cesar me acuerdo de ti en mis oraciones noche y día; deseando verte, al acordarme de tus lágrimas, para llenarme de gozo" (2 Timoteo 1:3, 4). Las lágrimas de Timoteo dejaron una profunda impresión en la mente de Pablo. El apóstol guardó esas lágrimas y se refirió a ellas en esta preciosa carta.

La idea de recoger lágrimas como recuerdo vivo ha sido puesta en práctica durante siglos. En realidad, algunas civilizaciones han llevado a cabo en forma concreta lo que nosotros hemos hecho mentalmente, recogiendo las lágrimas en pequeñas vasijas como recuerdo de la memoria de aquellos que han muerto.

Estas vasijas, llamadas vasos lacrimatorios, aún se encuentran en grandes cantidades en las tumbas antiguas. La costumbre era recoger las lágrimas de los deudos y conservarlas en ellas. Eran hechas de vidrio fino (o, más frecuentemente, de simple arcilla, muchas veces ni siquiera horneada o barnizada), con un cuerpo muy fino, una base ancha y una boca con forma de embudo. Si los amigos del difunto debían contribuir con sus lágrimas para llenar estas vasijas, muchas veces contrataban a lloronas para hacerlas llorar.

Este ritual de recoger lágrimas no sinceras era muy ofensivo para las personas sensibles. El historiador latino Cornelio Tácito (55-120 después de Cristo) reveló el desdén que muchos expresaban por esta costumbre: "En mi funeral, que no se vean muestras de pesar, ninguna pomposa imitación de dolor. Coronadme con guirnaldas, flores esparcidas sobre mi tumba, y no erijan mis amigos ningún vano memorial que enseñe donde reposan mis restos."

Recoger las lágrimas no sólo era común entre los romanos, sino una práctica que se utilizaba en tiempos aún más lejanos en las naciones orientales. En algunas de las reuniones de duelo de los persas, un sacerdote iba de persona a persona entre los deudos más sufrientes con un trozo de algodón en su mano, con el que cuidadosamente recogía las lágrimas que caían de sus ojos. Luego estrujaba el algodón haciendo caer las lágrimas dentro de una vasija que se preservaba con el mayor cuidado.[1] De alguna manera, esto ilustra lo que expresa el Salmo 56:8: "Mis huidas tú has contado; pon mis lágrimas en tu redoma".

En su libro The Fountain and the Furnace (La Fuente y el Horno), Maggie Ross escribe: "Es posible que la mujer que bañó los pies de Jesús con sus lágrimas (Lucas 7:38) estuviera derramando su vaso lacrimatorio. El verbo griego podría traducirse de esta forma. Habiendo hallado a su Señor, ya no necesitaba guardar para sí todos sus pesares y sus alegrías, sino que podía derramarlos y ser libre. Abrió las compuertas de sus lágrimas para que fluyeran con las aguas de vida dentro del río de la vida."[2]

En la época del salmista existía otra práctica similar a esta. Cuando una persona estaba enferma o profundamente abatida, sus amigos iban a verla, llevando con ellos una vasija. A medida que caían las lágrimas de las mejillas de la persona sufriente, las mismas eran recogidas en estas vasijas, selladas y conservadas como memorial del evento.

Es importante observar aquí que para que estas lágrimas fueran recogidas, debía haber una visita. Puedo imaginar a David llorando ante el Señor: "Visítame, y observa mis lágrimas. Oh, visítame con tu salvación, porque sin esa visita, mis lágrimas no podrán ser puestas en tu vasija. Observa mi angustia. Tenla delante de tus ojos como recordatorio, y cuando veas la vasija, oh, piensa en aquél cuyas lágrimas contiene." En el Salmo 42:3, David escribe: " Fueron mis lágrimas mi pan de día y de noche..."

¿Entiende Dios realmente nuestro dolor o nuestro pesar cuando lloramos? ¿Puede él sinceramente empatizar con nuestro sufrimiento?

Leyendo el libro de Génesis, encontré el maravilloso versículo: "Hagamos al hombre a nuestra imagen, conforme a nuestra semejanza" (Génesis 1:26). Es bastante claro que este pasaje de la Biblia dice que Dios nos hizo como él mismo. "Este es el texto", escribe Joseph Parker. "Aquí encontramos la seguridad definitiva de que Dios creó al hombre a su imagen y semejanza; a imagen de Dios lo creó. Esto es suficiente como para arruinar cualquier Biblia. Es suficiente para destronar a Dios. Con una mentalidad estrecha, cualquier hombre estaría justificado al decir: "Si el hombre fue hecho a imagen de Dios, yo no adoraré a un Dios que tenga semejante imagen.""[3]

Todos entendemos lo que el Reverendo Joseph Parker quiere decir. Pero recuerda, ahora estamos tratando con el hombre caído. Antes de la caída, la belleza de la creación humana de Dios irradiaba sus características. La semejanza a Dios consistía en la inmortalidad del alma y en su santidad e inocencia. El hombre recibió poderes y facultades y podía conocer, amar y temer a Dios. Para coronar todo esto, recibió también poder y dominio sobre la creación menor, así como Dios tenía poder sobre el mundo espiritual.[4] Sí, el amor, el cuidado, la comunión con Dios, la sabiduría, todo esto era parte de la constitución del hombre antes de la caída.

Hoy debemos mirar al hombre Jesucristo para comprender plenamente este texto. A medida que seguimos a Cristo y caminamos en obediencia a su palabra, la bondad de Dios comienza a sobresalir. Encontramos sepultado bajo toneladas de carnalidad un tesoro que está esperando ser descubierto. La semejanza a Dios corre muy profundo, como ríos de petróleo crudo burbujeando bajo la superficie. Cuando seguimos al Señor, excavamos a través de capas y capas de duro terreno, clamando para que salga a la luz su tesoro. "¡Te quiero a ti!", gritamos. "¡Quiero ser como tú, Señor Jesús! Quiero ser rico en ti, Jesús." Cavamos más y más profundo, y entonces sucede: ¡Llegamos al petróleo! El amor de Cristo brota a borbotones de nuestro ser más interior, empapándonos a nosotros y a los que nos rodean. Nos sumergimos en su presencia.

Si lo miras a él, verás frutos en tu vida que llevan la imagen y la semejanza de Dios. Sé como él, y serás a su imagen.

Pero esto es lo que deseo enfatizar realmente: Así como nosotros sentimos el pesar y "pasamos las noches llorando", también lo hace Dios. El sufre igual que nosotros.

El nos creó desde el principio, y luego recorrió la segunda

milla vistiéndose de carne para experimentar todo lo que nosotros sufrimos. Nunca olvides este tremendo pasaje de las Escrituras relativo a la vida de nuestro Señor: "Y Cristo, en los días de su carne, ofreciendo ruegos y súplicas con gran clamor y lágrimas al que le podía librar de la muerte, fue oído a causa de su temor reverente" (Hebreos 5:7). Nadie ha llenado tantos vasos lacrimatorios como nuestro Señor.

¿Estás atravesando un Getsemaní personal? ¿Estás solo? ¿Están tus amigos a tu lado, o duermen a la distancia? ¿Estás en este lugar con Dios, diciendo: "Hágase tu voluntad, no la mía"? ¿Es difícil de beber la copa que te espera?

Jesús ya pasó por todo eso. El sostiene la vasija donde recoge cada una de tus lágrimas.

¿Tienes los ojos húmedos de correr la carrera? Todos hemos sentido las lágrimas que se acumulan en nuestros ojos cuando corremos contra el viento. La fuerza de la velocidad, que nos corta la cara, seca la humedad. Nuestro cuerpo reacciona llorando, para suavizar la sequedad. ¿Están soplando fuertes los vientos de la adversidad mientras corres esta carrera? Jesús ha pasado por esto. El está sosteniendo la vasija, recogiendo cada gota.

¿Estás experimentando el rechazo? ¿Te han olvidado tu familia y tus amigos? ¿Estás aferrándote a la promesa de Dios: "Aunque mi padre y mi madre me dejaran, con todo, Jehová me recogerá"? (Salmo 27:10). Recuerda, Jesús ha pasado por esto. El sostiene la vasija, para recoger cada una de tus lágrimas.

¿Estás cansado de andar errante? ¿Te sientes como un fugitivo perseguido, como David, con la presión que te acosa por todos lados? ¿Te encuentras pasando de una oscura caverna a otra, de un desierto a otro desierto? ¿No tienes lugar alguno donde recostar tu cabeza? Jesús pasó por eso. El está sosteniendo la vasija, recogiendo tus lágrimas.

¿Está desmoronándose el mundo a tu alrededor? ¿Estás de pie en una colina contemplando la agonía de esta vida, así como Jesús observaba la ciudad de Jerusalén? ¿Estás viendo lo que podría haber sido una situación perfecta, pero el pecado te ha apartado de lo mejor que Dios tenía para ti? ¿Estás sintiendo los efectos de la rebelión? ¿Sientes las tinieblas de la destrucción? Jesús ha pasado ya por eso. Y está sosteniendo la vasija para recoger todas tus lágrimas.

Te pregunto: "¿Has descubierto la preciosa fuente de las lágrimas en lo más profundo de tu interior?" Se dice que en el Lejano Oriente el agua es tan escasa que si un hombre posee un manantial, es rico. Se han librado muchas batallas por la posesión de un manantial.

Pero todo hombre posee un manantial: un profundo manantial de lágrimas. Una lágrima es la agonía disuelta en una solución. Y por medio del poder divino, puede ser cristalizada para producir riqueza espiritual y que todas las cargas sean levantadas.[5]

Si estás en una época de grave sequía espiritual, anhelando hallar una gota de humedad, quizás hoy haya un profundo manantial esperando ser descubierto. No afuera, sino adentro... allí encontrarás el oasis espiritual. Deja que las lágrimas se acumulen y fluyan con libertad. Dios espera pacientemente para recoger cada una de ellas.

Quizá puedas sentirte identificado con lo que estoy diciendo. Quizá necesites un refrigerio del Señor como nunca antes. Como el rey David, clamas: "Oh Dios, tú has visto mis huidas." Amigo, él está contigo. "Por la noche durará el lloro, y a la mañana vendrá la alegría" (Salmo 30:5).

Lee los siguientes versículos como promesas para ti durante esta oscura crisis: "Levántate, resplandece; porque ha venido tu luz, y la gloria de Jehová ha nacido sobre ti" (Isaías 60:1). "...porque aguas serán cavadas en el desierto, y torrentes en la soledad" (Isaías 35:6).

Deja que Dios coloque tus lágrimas en su redoma. Un día mirarás atrás, buscando en los estantes, y te maravillarás al encontrar este precioso tiempo de tu vida en el Señor.

Jesús ha experimentado cada lágrima de gozo y cada lágrima de dolor. "Porque no tenemos un sumo sacerdote que no pueda compadecerse de nuestras debilidades, sino uno que fue tentado en todo según nuestra semejanza, pero sin pecado. Acerquémonos, pues, confiadamente al trono de la gracia, para alcanzar misericordia y hallar gracia para el oportuno socorro" (Hebreos 4:15, 16). Nuestro sumo sacerdote recorre los pasillos de nuestros hogares con vasijas llenas de sus propias lágrimas, para luego inclinarse y colocar una vacía bajo nuestros ojos. "Llora, mi querido hijo... yo recogeré tus lágrimas", nos asegura. "Yo recordaré tu sufrimiento. Estoy guardando tu dolor."

El gran predicador londinense Edward Irving, que sufrió tremendas adversidades, lo dijo en una forma tan bella:

Oh, el valor eterno de las lágrimas piadosas. Son lágrimas buenas, que brotan de nuestros corazones cuando miramos a Aquel a quien hemos traspasado. Las lágrimas que Cristo lloró sobre Jerusalén, caída e impenitente, previendo su inevitable destrucción. Las lágrimas de compasión que derramó por los dolores de la casa de Lázaro. Las lágrimas que Pablo derramó, cuando, en la ciudad de Efeso, iba, de día y de noche, de casa en casa, rogando a las personas que se reconciliaran con Dios.

No el ánimo amargo y decepcionado de Jonás cuando se molestó y airó sobremanera porque el Señor había desistido de cumplir sus amenazas contra Nínive, e imploró a Dios, diciendo: "Ahora pues, oh Jehová, te ruego que me quites la vida; porque mejor me es la muerte que la vida" (Jonás 4:3); sino el ánimo de Jeremías el profeta, cuando exclamó: "¿No hay bálsamo en Galaad? ¿No hay allí médico? ¿Por qué, pues, no hubo medicina para la hija de mi pueblo? ...¡Oh, si mi cabeza se hiciese aguas, y mis ojos fuentes de lágrimas, para que llore día y noche los muertos de la hija de mi pueblo!" (Jeremías 8:22; 9:1).

No las lágrimas de orgullo que surgen, a regañadientes, del corazón endurecido, como agua que fluye de la roca del pedernal, sino las lágrimas de orgullo humillado y convencido por el poder de Dios. Estas lágrimas fluyen copiosamente como la corriente que brotó de la roca donde la golpeara la vara de Moisés, el mensajero de Dios.

No las lágrimas de deseo natural de un bien mundano, o las lágrimas de pesar natural por un bien mundano que nos es quitado, sino las lágrimas de deseo espiritual de un bien espiritual. O quizá las lágrimas de dolor cuando Dios ha ocultado su rostro o ha quitado nuestra lámpara del lugar en que solía estar.[6]

Dios está muy interesado en nuestro dolor, y lo registra más de lo que nosotros podríamos siquiera imaginar. Es un verdadero coleccionista. Para guardar sus hallazgos él utiliza libros, bolsas, y vasijas.

En sus libros registra nuestros nombres y nuestras obras: "Asimismo te ruego también a ti, compañero fiel, que ayudes a éstas que combatieron juntamente conmigo en el evangelio, con Clemente también y los demás colaboradores míos, cuyos nombres están en el libro de la vida" (Filipenses 4:3). "Y vi a los muertos, grandes y pequeños, de pie ante Dios; y los libros fueron abiertos, y otro libro fue abierto, el cual es el libro de la vida; y fueron juzgados los muertos por las cosas que estaban escritas en los libros, según sus obras" (Apocalipsis 20:12).

En sus bolsas (sacos) están nuestros pecados. "Tienes sellada en saco mi prevaricación, y tienes cosida mi iniquidad" (Job 14:17). ¡Qué preciosa verdad! Una vez que nuestras transgresiones fueron selladas en su bolsa, son clavadas a la cruz (Colosenses 2:13, 14) y echadas al mar (Miqueas 7:19).

Y en sus vasijas, o redomas, encontramos nuestras lágrimas. "Pon mis lágrimas en tu redoma" (Salmo 56:8). Es obvio que las bolsas y las vasijas son solamente metáforas, pero nos ayudan tremendamente a comprender los maravillosos caminos del Señor.

Es interesante observar que no se menciona la calidad de la vasija. Estoy seguro de que si se hubiera hecho alguna referencia como, por ejemplo, "Pon mis lágrimas en tu preciosa redoma", los piadosos líderes religiosos de la antigüedad habrían hecho una doctrina de ella. Inmediatamente habrían comenzado a preocuparse por el tamaño, calidad y material de su vaso lacrimatorio en particular.

Habría, sin duda, algún evangelista televisivo llamativamente vestido que te enviaría un vaso lacrimatorio de peltre con tus iniciales grabadas por cada donación de cincuenta dólares que tú hicieras; si la donación era de cien dólares, un vaso de plata con tu nombre grabado; y si la donación era de quinientos dólares o más un vaso bañado en oro con intrincados grabados de seres angelicales rodeando tu nombre; finalmente, para los donantes más generosos, que entregaran más de diez mil dólares, un fino vaso de platino, con diamantes engarzados, y tu nombre formado por finas piedras preciosas.

Ya que hablamos de este tema, quisiera hablar de los que coleccionan vasijas o botellas. Coleccionar, para algunas personas, es un asunto tan serio como observar el comportamiento del mercado de valores. Muchas botellas tienen un valor nominal de miles de dólares. Por ejemplo, si tienes una botella de vidrio rosado, rectangular, de unos diecisiete centímetros de altura, fabricada en el siglo pasado, que dice "Jacob's Cabin Tonic Bitters", te sugeriría que la lleves a la concesionaria de autos y la cambies por un vehículo nuevo, o que llames a tus acreedores y les avises que el cheque de pago ya salió por correo. ¡Esa botella vale casi diez mil dólares![7] ¿Interesante, eh? Un coleccionista de verdad siempre está buscando algún raro tesoro.

La mayoría de las botellas tienen imperfecciones, como raspaduras en el vidrio, cuellos torcidos o quebrados, burbujas y cosas por el estilo. Estas imperfecciones las hacen más valiosas aún, y altamente codiciadas por los coleccionistas.[8] Las expresiones que se utilizan para describir a las botellas son desconocidas para el no iniciado, pero para el ávido conocedor de las mismas es un lenguaje común.

Dios es un verdadero coleccionista, pero su interés no se centra en el valor del recipiente, sino en la pureza del contenido. El hombre siempre juzga por la apariencia externa, pero Dios se guía por lo que hay adentro.

De todas las cosas que Dios podría coleccionar, te preguntas, ¿por qué coleccionar lágrimas? ¿Será para mostrar cuán preciosas son a sus ojos y para sugerir que son conservadas para utilizarlas en el futuro? Las lágrimas que sus hijos derraman y le entregan para que él las conserve no pueden ser lágrimas de rebelión o llanto no sincero. Las verdaderas lágrimas santas serán devueltas algún día a aquellos que las derramaron, convertidas en refrigerio por el mismo poder que convirtió el agua en vino.

No pienses tú que no logras derramar una lágrima
que tu Hacedor no está cercano.[9]

Cuando niños, solíamos cantar una vieja canción de la taberna: "Cien botellas de cerveza en la pared". Cambiemos un par de palabras y utilicémosla para mirar desde otro ángulo la increíble colección de lágrimas de nuestro Dios:

Cien vasos de lágrimas en la pared,
cien vasos de lágrimas.
Toma uno y hazlo circular,
cien vasos de lágrimas en la pared.

Noventa y nueve vasos de lágrimas en la pared,
noventa y nueve vasos de lágrimas.
Toma uno y hazlo circular,
noventa y nueve vasos de lágrimas en la pared.

Bien podríamos comenzar con millones mientras nuestros ojos observan la inconcebible colección de vasijas alineadas en el salón de las lágrimas que Dios posee. Filas y filas de recipientes terrenales, pequeños y grandes, conteniendo los preciosos restos de los santos. William S. Plumer (1802-1880) dijo en una ocasión: "El camino al cielo está empapado de lágrimas y sangre de los santos."

No sé cómo Dios ordenará su colección de lágrimas. ¿Será en orden alfabético? ¿Encontraremos las lágrimas de Abraham, por ejemplo, en el extremo izquierdo, y luego pasar millones de vasijas, hasta llegar a las lágrimas del gran misionero de Moravia, Nicholas Zinzendorf, a la derecha? ¿O estarán ordenadas alfabéticamente según temas, como los que comentaremos en el resto de este capítulo?

LAGRIMAS DE SUFRIMIENTOS Y PRIVACIONES HUMANAS

Acerquémonos a un estante y tomemos una vasija al azar.

Mira bien la etiqueta. Quizás encontremos los restos líquidos de un mártir que derramó toda su sangre. O quizás esté aquí contenida la angustia de la familia que quedó atrás.

Esta parece interesante. El nombre escrito en la etiqueta es Isabel Brown, esposa de John Brown, de Priesthill, martirizado en abril de 1685.

Leamos parte de su tremendo sufrimiento:

Era época de persecución intensa en Escocia. Por orden del rey, un torbellino de actividad ya había llevado a la muerte a cientos de cristianos en todo el país. Cualquiera que no se inclinara ante el rey era considerado hereje y sentenciado a muerte.

John Brown fue víctima de un hombre llamado Claverhouse, enviado por el rey para llevar a cabo estos asesinatos a sangre fría. Se decía que Claverhouse codiciaba la sangre de los reformadores. El y sus hombres, habiéndose enterado de que John Brown era leal al Señor Jesús, se encaminaron hacia los campos para encontrar a este seguidor de Dios.

Llegaron allí temprano, una mañana de abril. La confesión de John Brown era la única evidencia que necesitaban, y la obtuvieron. El veredicto fue claro: la sentencia era de muerte.

"Vete a orar, porque morirás de inmediato", ordenó Claverhouse. El tono de su voz era tan duro que hasta sus propias tropas se llenaron de asombro. En la familia de Brown, el efecto fue totalmente diferente. Su esposa, que estaba esperando un hijo, y tenía un bebé en sus brazos y a la pequeña Janet, de seis años, junto a ella, se quedó de pie a su lado, mientras su esposo oraba para que "toda bendición prometida fuera derramada sobre ella y sus hijos, nacidos y por nacer, como refrigerio de la influencia del Espíritu Santo, cuando desciende como la llovizna sobre el césped recién cortado, como la lluvia sobre la tierra."

Cuando Claverhouse ya no pudo soportar más la oración de Brown, logró (luego de interrumpirlo dos veces con las más obscenas palabras), levantarlo de sus rodillas. John dijo a su esposa: "Isabel, este es el día del que te hablé antes de que nos casáramos." Y agregó, con su habitual mansedumbre: "Aquí me ves, convocado para aparecer en pocos minutos más ante el tribunal de los cielos, como testigo de la causa de nuestro Redentor, contra el que gobierna Escocia. ¿Estás dispuesta a que me separe de ti?"

"Totalmente dispuesta", respondió ella, con un tono de voz que revelaba tanto su amor por su esposo como su sumisión al Señor, "aunque Dios la llamara a inclinarse ante sus terribles juicios."

Una vez más, John Brown comenzó a orar. Esto encendió la furia de Claverhouse, que inmediatamente ordenó a seis de sus soldados que dispararan contra Brown. Pero las oraciones de este hombre y su conducta habían hecho que los soldados desistieran de tan salvaje acción, así que permanecieron inmóviles. Temiendo que se amotinaran, Claverhouse tomó una pistola de su propio cinturón, y un disparo atravesó la cabeza de John Brown.

Las tropas de Claverhouse se retiraron furtivamente luego de contemplar tan horrible escena. Entonces su comandante, como bestia de presa que pisotea y aúlla alrededor de la víctima caída, insultó a la tierna esposa mientras ella reunía los trozos del cráneo destrozado de su esposo. Con palabras de burla, la provocó: "¿Qué piensas ahora de tu esposo, mujer?"

"Siempre he pensado bien de él", contestó ella, "¡y ahora más que nunca!"

"¡Debería matarte a ti también!", gritó el hombre. A lo que ella contestó: "Dudo que vuestra crueldad llegara a tal extremo; pero ¿cómo responderéis por la obra de esta mañana?"

Con un rostro que contradecía sus palabras, él contestó: "Puedo responder ante los hombres, y en cuanto a Dios, yo mismo me encargaré de él." Con estas palabras, espoleó a su caballo y la dejó con el cadáver.

Isabel ató la cabeza de John con su delantal, compuso su cuerpo, lo cubrió con su tartán, y cuando no hubo nada más que hacer o contra lo cual luchar, se sentó en el suelo, atrajo hacia sí sus hijos, y lloró por su esposo destrozado. Estaba encinta y viuda, con Janet y la pequeña Isabel. Sus lágrimas cayeron... pero no al suelo. Dios estaba allí, recogiendo hasta la última de ellas.[10]

Estas son las vasijas que contienen las lágrimas de sufrimiento y privaciones humanas. Podríamos pasar años leyendo los nombres de aquellos que verdaderamente sufrieron. Pienso en los números incontables de niñitos que han sufrido el trauma de la guerra solamente en este siglo. Océanos de lágrimas han sido recogidos como memorial eterno de su dolor.

Antes de dejar la colección de lágrimas de Dios, pasemos solamente unos pocos momentos más observando los estantes de otra interesante sección.

LAGRIMAS DE PECADORES ARREPENTIDOS

Abraham Wright escribió estas hermosas palabras hace más de trescientos años:

Mientras permanecemos en este velo de miserias, Dios guarda todas nuestras lágrimas en una vasija; tan preciosa es el agua que destila de ojos penitentes; y porque está seguro de no fallar, cuenta cada una de las gotas que hay en su registro. El ungüento con el que la mujer en la casa del fariseo ungió los pies de Cristo era precioso; pero sus lágrimas, con las que le lavó los pies, tenían más valor que el nardo. [11]

El pastor inglés del siglo diecinueve, Charles H. Spurgeon, reconocido como "el príncipe de los predicadores", escribió: "No sé de otro momento en que sea más perfectamente feliz que cuando lloro mi pecado al pie de la cruz."

La palabra de Dios es rica en historias de arrepentimiento, algunas sinceras, otras no. Repentinamente nos viene un nombre a la memoria. ¿Qué de Esaú? Seguramente Dios vio las lágrimas de Esaú... Pero nuestros ojos se cansan de buscar en todos los "Es..." de las vasijas. ¡No hay ningún Esaú! "¿No eran sinceras sus lágrimas?", nos preguntamos. ¿No registró Dios su remordimiento por haber vendido su primogenitura a su hermano Jacob? ¿No dice Génesis que él "lloró con grande lloro" ante su padre Isaac? "Bendíceme también a mí, padre mío" (Génesis 27:34). ¿Dónde están las lágrimas de Esaú?

Veamos nuevamente qué dice la Palabra de Dios:

Mirad bien, no sea que alguno deje de alcanzar la gracia de Dios; que brotando alguna raíz de amargura, os estorbe, y por ella muchos sean contaminados; no sea que haya algún fornicario, o profano, como Esaú, que por una sola comida vendió su primogenitura. Porque ya sabéis que aun después, deseando heredar la bendición, fue desechado, y no hubo oportunidad para el arrepentimiento, aunque la procuró con lágrimas. (Hebreos 12:15-17)

Las lágrimas cayeron, pero no en la redoma de Dios. ¿Es posible hoy "vender nuestra primogenitura" por los placeres del pecado? Como una comida, el pecado es placentero por un tiempo. Pero luego, ¿es posible llorar hasta llenar cubos de lágrimas y no encontrar "un lugar" para el arrepentimiento?

Ahora, buscando en los estantes, encontramos un nombre muy conocido. Se trata del nombre de un gran guerrero por la causa de Cristo. Mira más de cerca la etiqueta: Simón Barjonás, más conocido como Pedro.

Este es el hombre del cual dijo Jesús:

Bienaventurado eres, Simón, hijo de Jonás, porque no te lo reveló carne ni sangre, sino mi Padre que está en los cielos. Y yo también te digo, que tú eres Pedro, y sobre esta roca edificaré mi iglesia; y las puertas del Hades no prevalecerán contra ella. Y a ti te daré las llaves del reino de los cielos; y todo lo que atares en la tierra será atado en los cielos; y todo lo que desatares en la tierra será desatado en los cielos. (Mateo 16:17-19)

Pero a Pedro aún le quedaba un duro camino por recorrer. Llegaría el día en que sus palabras: "Tú eres el Cristo" (Mateo 16:16) volverían para perseguirlo.

Nos quedamos maravillados ante el tamaño de esta vasija. Al levantarla del estante vemos que está llena de lágrimas hasta el borde. ¿Cuándo lloró tanto Pedro, como para llenar tan gran de recipiente?

Al buscar en las Escrituras, hallamos la respuesta. Encontramos a Pedro más tarde, en un momento de crisis en su vida. Había pasado más de tres años con su Maestro. Con sus propios ojos había sido testigo de milagro tras milagro. Ahora, en el juicio de Jesús, encontramos al apóstol calentándose junto al fuego de los impíos. ¡El lugar equivocado, en el momento equivocado, junto al fuego equivocado! ¿Por qué no recordó las palabras del salmista?

"Bienaventurado el varón que no anduvo en consejo de malos, ni estuvo en camino de pecadores, ni en silla de escarnecedores se ha sentado" (Salmo 1:1).

La Palabra de Dios describe este evento con doloroso detalle. "Un poco después, acercándose los que por allí estaban, dijeron a Pedro: Verdaderamente también tú eres de ellos, porque aun tu manera de hablar te descubre. Entonces él comenzó a maldecir, y a jurar: No conozco al hombre. Y en seguida cantó el gallo" (Mateo 26:73, 74). "Entonces, vuelto el Señor, miró a Pedro; y Pedro se acordó de la palabra del Señor, que le había dicho: Antes que el gallo cante, me negarás tres veces. Y Pedro, saliendo fuera, lloró amargamente" (Lucas 22:61, 62).

¿Cómo pudo el mismo hombre que pronunció las palabras: "Tú eres el Cristo, el Hijo del Dios viviente", sólo un breve tiempo después, con las llaves del reino colgando de sus manos, maldecir y decir: "Te digo que no lo conozco"?

Creo que todos comprendemos el problema de Pedro. Muy pocos creyentes, en la historia del cristianismo, no han negado al Señor en un momento u otro, sea de palabra o de obra. Nos hemos encogido ante la presión y hemos cedido al clamor de la multitud.

Pero, bendito sea el nombre de Jesús, porque sus misericordias son nuevas cada mañana. ¡Hay perdón! Encontramos esperanza aun en la vida de Pedro, tal como la relata la Biblia. El fue perdonado y utilizado grandemente en el servicio de su Maestro.

Krummacher, en su tratado The Suffering Saviour (El sufriente Salvador), habla sobre esta dramática escena:

Pedro, bajo la mirada de su Maestro, se disuelve totalmente en pena y humillación. Cubre su cabeza con un manto, como si fuera indigno de aparecer ante Dios o ante hombre, y comienza a "llorar amargamente". Estas son las lágrimas de las que se dice: "Pon mis lágrimas en tu redoma; ¿no están ellas en tu libro?", aquellas de cuya siembra se promete una cosecha de gozo. Como las gotas perladas que encuentras en la primavera sobre las ramas de la vid, ellas son testimonio de la existencia de la vida; y para el ojo del pecador, anuncian a Satanás la pérdida de su juicio y el final de su triunfo. ¡Oh, cuánto se refleja en estas lágrimas!

Verdaderas lágrimas de arrepentimiento. No encontrarás las de Esaú, pero sí las de Pedro. El arrepentimiento verdadero, en lágrimas, está guardado para la eternidad.

Volvemos la mirada y encontramos otra sección en el salón donde Dios guarda las lágrimas.

LAGRIMAS DE INTERCESION POR LOS PERDIDOS

¿Por qué tan pocas vasijas?
Aquí cerca vemos otra sección.

LAGRIMAS DE NIÑOS INOCENTES

Aquí vemos millones y millones de pequeños recipientes. Un mar de pesares de ojos inocentes.

La lista de secciones continúa y continúa. La colección de lágrimas de Dios. Cada gota habla más que un libro.

Los vasos lacrimatorios que hoy se rescatan de las tumbas antiguas están llenos de polvo. Las lágrimas se evaporaron hace siglos. Pero las vasijas de Dios y sus contenidos se conservan para la eternidad, siempre al alcance de la mano de Dios. Para él, su colección es un tesoro. Cada gota es como un dulce incienso; cada vasija, un recordatorio de la sinceridad de sus hijos.

Quizás en el día del juicio, sean utilizadas como pruebas a favor o en contra de nosotros.

Ahora volvamos al salón de las lágrimas, para efectuar una última búsqueda. Sigues buscando con la mirada en los estantes. Pero parece que no puedes encontrar...

"¿Cómo decía?", pregunta el empleado.

"No encuentro mi vasija."

"Oh, vamos. Seguramente es un error. Mire otra vez. Su nombre debe de estar ahí, en algún lado, ¿no?"

D O C E

L L O R A N D O
P O R   L O S
C A M P O S

Una gran nube de testigos
y un gran legado de lágrimas
nos urgen desde el cielo.

"Siéntese en esa silla y acérquela a la mesa", dijo el anciano a su visitante. "Ahora apoye los brazos con los codos sobre la mesa y descanse su cabeza en sus manos. Deje que caigan las lágrimas. Así solía hacer mi pastor."

El anciano parroquiano hablaba del amado ministro Robert Murray McCheyne, que acababa de irse con el Señor, a los veintinueve años de edad. El joven McCheyne había vivido la vida con lágrimas en los ojos y una espiga de trigo en sus hombros. Había llorado por los campos, y se había gozado con la recompensa de la cosecha. Abiertamente confesaba, junto con el patriarca Job: "¿No lloré yo al afligido? Y mi alma, ¿no se entristeció sobre el menesteroso?" (Job 30:25).[1]

En los Salmos encontramos un texto que traerá resultados a todas nuestras labores. Este pasaje es la clave para develar los misterios de la cosecha espiritual: "Irá andando y llorando el que lleva la preciosa semilla; mas volverá a venir con regocijo, trayendo sus gavillas" (Salmo 126:6).

La pruebas hablan a las claras: los sermones regados en lágrimas producen abundantes cosechas. Así como las lluvias terrenales ablandan la tierra dura, de la misma manera las lágrimas ablandan los corazones de quienes escuchan. Y al echar semillas de verdad en la tierra recién mojada, sucede algo notable: ¡Comienza a brotar la nueva vida!

Lo he visto hacerse realidad una y otra vez en nuestras campañas al aire libre y el evangelismo personal. No estoy hablando de un emocionalismo fuera de control, sino de la parte más profunda de nuestro ser clamando por un toque del Dios vivo.

Durante una reunión en la calle, en España, vi a una jovencita de Finlandia aceptar a Jesús, llorando sin control mientras oraba. Otros dos adolescentes pasaron al frente, secándose las lágrimas de los ojos. Ellos me preguntaron si la gente siempre llora cuando se les habla de Dios.

"La razón por la que ustedes lloran", les dije, "es que en sus corazones había una profunda necesidad de conocer a su Creador. Han estado buscando la felicidad en todo, excepto en Cristo. Pero Dios los ama tanto que me envió desde la otra mitad del mundo para invitarlos a volver a su casa. Conozco al Señor, y él me envió a hablarles. El está ahora mismo con nosotros; estamos en presencia de Dios. No le den la espalda."

Ellos oraron y recibieron a Cristo. La lista de personas que se han enfrentado con el Señor durante una dulce lluvia de lágrimas no tiene fin.

El salmista habla del gozo abrumador que sigue a un encuentro semejante. Aquí tenemos una canción que habla no sólo de permanecer en el Señor sino de llevar fruto en él:

"Cuando Jehová hiciere volver la cautividad de Sion, seremos como los que sueñan. Entonces nuestra boca se llenará de risa, y nuestra lengua de alabanza; entonces dirán entre las naciones: grandes cosas ha hecho Jehová con éstos. Grandes cosas ha hecho Jehová con nosotros; estaremos alegres. Haz volver nuestra cautividad, oh Jehová, como los arroyos del Neguev. Los que sembraron con lágrimas, con regocijo segarán. Irá andando y llorando el que lleva la preciosa semilla; mas volverá a venir con regocijo, trayendo sus gavillas" (Salmo 126:1-6).

Quisiera preguntarte: ¿qué puede ser más emocionante que la prueba de una abundante cosecha atada sobre tu espalda?

Los paralelos de la siembra y la cosecha, natural y espiritual, son profundos, pero elementales. Cuando los hijos de Dios estaban en problemas, recordaban los tiempos de liberación. Un poco de pensar, otro poco de meditación, un breve momento de musitar sobre la poderosa mano del Señor, y la música cambiaba. "Enfermedad mía es esta; traeré, pues, a la memoria los años de la diestra del Altísimo. Me acordaré de las obras de JAH; sí, haré yo memoria de tus maravillas antiguas. Meditaré en todas tus obras, y hablaré de tus hechos " (Salmo 77:10-12).

Mientras trabajamos para el Señor en el presente, es muy importante recordar las maravillas del Señor en el pasado. Prácticamente hablando, al comenzar a sembrar para la cosecha de este año, debemos recordar lo que Dios nos ha provisto en el pasado. Debemos activar nuestras memorias y meditar sobre su poder que obra milagros. "Miren lo que ha hecho", dice el salmista. "¡El me sacó del pozo cenagoso!"

La mayoría de nosotros puede testificar de liberaciones igualmente grandes, ¡pero con qué rapidez olvidamos sus milagros del pasado! Como una pantalla de humo, el tiempo nubla nuestra memoria, y, atrapados una vez más en lo profundo del pozo de la desesperación, nos preguntamos dónde ha ido el Señor. Pero si recuerdas las victorias del pasado, una corriente de poder espiritual te preparará para tu batalla actual.

Recuerda, por ejemplo, a Charles Finney, el evangelista estadounidense del siglo diecinueve. Mientras intercedía por los pecadores, vio, en lo natural, un terreno difícil, pedregoso. Pero en el espíritu vio una increíble cosecha. Comenzó su intercesión meditando acerca de las victorias pasadas, recordándole a Dios: "Ahora, Señor, en cuanto a la salvación de estas personas, tú sabes que no estoy acostumbrado a que me digas que no." ¡Qué osada declaración de fe! Lo que Finney recordaba de la fidelidad de Dios lo transportaba a un estado de confianza celestial. "¡Hazlo otra vez, Señor amado! ¡Danos otra cosecha abundante!"

Durante las dos últimas décadas, he usado el "método del recuerdo" en decenas de cruzadas. Mientras estoy frente a la multitud, miro hacia el cielo, cierro los ojos, y recuerdo las maravillas del Señor. Medito en los milagros de esas personas que eran "imposibles" pero que se rindieron en los brazos del Señor.

Mientras mi mente vaga por las rutas espirituales de mi pasado, veo, salpicados a ambos lados, como carteles indicadores espirituales, las señales que proclaman todas las formas en que Dios me ha respondido en tiempos difíciles. Recuerdo aquella ocasión en que me salvó de una situación financiera increíblemente imposible de remontar. La vez que salvó a un miembro de mi familia de la autodestrucción; la vez que sanó mi cuerpo de una enfermedad grave. Mientras medito a lo largo del camino, pronto una nueva fe comienza a crecer dentro de mí. La fortaleza que brota del puro gozo me da coraje para enfrentar la batalla presente. La gente que está frente a mí siente mi fe en Dios, escucha sus maravillas del pasado y se siente atraída a creer en él.

El Señor casi siempre usa a personas cuando realiza sus liberaciones en nuestras vidas. Pero nunca debemos olvidar quién realiza la liberación. Como ministros del evangelio, debemos recordar de dónde viene nuestro mensaje de liberación. En resumen, el Señor desató los "lomos de los reyes; para abrir delante de él puertas, y las puertas no se cerrarán: Yo iré delante de ti, y enderezaré los lugares torcidos, y cerrojos de hierro haré pedazos" (Isaías 45:1, 2).

Sin embargo, debemos echar una mirada a lo que llamamos "el sembrador que llora". Quizá te preguntes: "¿Por qué lloraría un campesino? ¿Acaso la siembra no es un tiempo de gran expectativa? ¿Por qué llorar por la siembra de la semilla?" La respuesta llega cuando estudiamos las vidas de quienes han grabado sus días en el suelo duro y rocoso de la tierra.

El campesino de la antigua Palestina muchas veces tenía que sembrar la semilla protegido por un hombre armado que impedía que le robaran sus semillas. Tristram, en su libro Land of Israel (La tierra de Israel), dice:

Al descender de la colina desde Betania vimos una ilustración de la terrible inseguridad del país, en una caravana de burros cargados con leña para Jerusalén. Cada burro era llevado por un hombre armado hasta los dientes con pistolas, espadas y una larga escopeta; y en un pequeño valle, el único más allá de Palestina donde había algún cultivo, cada sembrador manejaba con una mano el arado mientras con la otra sostenía un arma de fuego.[2]

En su libro The Land and the Book (La tierra y el libro), Thompson relata que en períodos de gran escasez, a los campesinos pobres les dolía separarse de cada medida de preciosas semillas que echaban a la tierra. Era como quitarles el pan a sus hijos, y en tales ocasiones, muchas y amargas lágrimas eran derramadas sobre la semilla. Con frecuencia, el dolor era tan grande que muchas veces el gobierno se veía obligado a proveer de semilla, de lo contrario no había siembra.[3]

Matthew Henry lleva la analogía de la siembra un paso más allá: "Hay lágrimas que son, en sí mismas, la semilla que debemos sembrar; lágrimas de arrepentimiento por el pecado, nuestro y de los otros; lágrimas de compasión por la iglesia afligida; lágrimas de ternura en oración y bajo la palabra."

En realidad, la obra de la evangelización es trabajo duro y polvoriento. Mi amigo, el gran evangelista argentino Carlos Annacondia, dice que no hay satisfacción igual a la de romper la roca en los campos y ensuciarse. Su definición de evangelismo consiste en trabajo duro, descanso en el campo de batalla, porque él sabe el estado en que está el no creyente.

Como sembrador de la preciosa semilla, primero observo bien el suelo. Camino alrededor y por el medio del corazón de la tierra, inspeccionándola, y el Señor siempre es fiel para revelarme su carácter. Luego, mientras predico, las reacciones de los rostros muchas veces revelan la condición del corazón. He andado por tierra que es al mismo tiempo rocosa y desgastada. El suelo de algunos corazones ha tenido demasiadas cosas creciendo en él durante demasiado tiempo. Pero a los pocos minutos de predicar en lágrimas, gran parte de ese suelo comienza a humedecerse. Los nutrientes enviados desde el cielo comienzan a caer, dando esperanza nueva a la tierra estéril.

Muchas veces la Palabra de Dios llega como un terremoto, sacudiendo el suelo espiritual de los corazones que escuchan. Una ligera sacudida comienza a dejar al descubierto las rocas y las piedras, y ahora comienza el trabajo de remoción. Podría remover una piedra de tropiezo de duda compartiendo historias de sanidades milagrosas. Un bloque de incredulidad se disuelve en la presencia del Señor. Ahora llega el momento de trabajar la tierra, removiendo la costra de pecado del corazón. Caen mis lágrimas, mojando la tierra desierta. Poco después aparece el arado del evangelio. Se cavan los surcos, y se echa en ellos la preciosa semilla.

Mi llanto continúa. Muchas veces compartir la Palabra de Dios me abruma. Como los campesinos de la antigüedad, que lloraban al plantar sus preciosas semillas, con frecuencia siento una gran pérdida. ¿Habrá fruto? ¿Estoy echando mis perlas a los cerdos? Dios prometió: "Mi Palabra no volverá vacía." Querido Señor, todo lo que te pido es que tu fruto permanezca.

Las semillas del sembrador son colocadas ahora en las manos del Salvador. A menos que el grano de trigo caiga a la tierra y muera, no puede llevar fruto.

Helen Spurrell, en su maravillosa traducción del Antiguo Testamento, ilustra bellamente el versículo 6 del Salmo 126: "Aquel que sale continuamente con llanto, llevando la canasta de semilla, volverá, sin duda alguna, con canto, trayendo sus gavillas."[4]

George Horne, en su comentario sobre los Salmos, nos hace recorrer el proceso:

Con el sudor de su frente, el labrador rotura la tierra y echa la semilla en el surco, donde por un tiempo permanece muerta y enterrada. A esto le sigue un largo y fatigoso invierno, y todo parece haberse perdido; pero al retorno de la primavera, la naturaleza universal revive la tierra. Los campos que alguna vez estuvieron desolados se cubren de maíz, que, madurado por el calor del sol, es cortado por los alegres cosechadores, y llevado a casa con triunfantes gritos de gozo. ¡Ved aquí, discípulos de Jesús, un emblema de vuestra labor presente y vuestra futura recompensa! "Sembráis", quizás, "con lágrimas". Lleváis a cabo vuestro deber en medio de persecuciones y aflicciones, enfermedad, dolor y pesares. Trabajáis en la iglesia, y nadie toma en cuenta vuestra labor;

ningún beneficio parece brotar de ella. Entonces debéis echaros en el polvo de la muerte, dejar que todas las tormentas de ese invierno os pasen por encima, hasta que vuestra forma haya perecido y veáis la corrupción. Pero el día llegará en que "cosecharéis con gozo", y abundante será vuestra cosecha.

Porque así el bendito Maestro "fue sembrando con lágrimas", aquel varón de dolores, experimentado en quebranto, "llevando la preciosa semilla", sembrándola a su alrededor, hasta que finalmente su propio cuerpo fue sembrado como un grano de trigo en el surco de la tumba. Pero él resucitó, y ahora está en el cielo, desde donde se levantará, sin duda, "con gozo", con la voz del arcángel, y la trompeta de Dios, "trayendo sus gavillas". Entonces todo hombre recibirá el fruto de sus obras y Dios le alabará.[5]

Siento el esfuerzo de la cosecha cada vez que voy a un parque a predicar. La obra comenzó en mi cuarto; ahora, en cualquier esquina o plaza se libra la guerra y la batalla está en su punto culminante. Los pecados del mundo castigan como el sol caliente del mediodía. Los vientos de adversidad soplan sobre el campo. Estamos combatiendo los elementos de la naturaleza carnal del hombre: el mundo, la carne y el demonio están decididos a matar las primeras señales de nueva vida. "...no tenemos lucha contra sangre y carne, sino contra principados, contra potestades, contra los gobernadores de las tinieblas de este siglo, contra huestes espirituales de maldad en las regiones celestes" (Efesios 6:12).

A medida que algunos de los que escuchan el mensaje se hunden cada vez más en el desánimo, viene a la mente un pasaje conocido de Génesis: "Y dijo Jehová: No contenderá mi espíritu con el hombre para siempre" (Génesis 6:3). Sin embargo, me pregunto: ¿Cuánto tiempo más podemos esperar que el Señor continúe? ¿Qué más tendrá que hacer? ¿Más persuasión? ¿Más suavidad?

Sí, la voz de Dios viene a mí en esos momentos, y dice: "Ten cuidado, Esteban. Los que parecen estar más endurecidos en contra de mí son, en realidad, los que están más cerca."

Mi mente vuelve a recorrer el duro suelo de mi propio corazón. Mi corazón que era sólido como un lecho de roca; la capa superficial del suelo estaba destruida. Me recuerda el libro de Joel: "El campo está asolado, se enlutó la tierra; porque el trigo fue destruido, se secó el mosto, se perdió el aceite. Las bestias del campo bramarán también a ti, porque se secaron los arroyos de las aguas; y fuego consumió las praderas del desierto" (Joel 1:10, 20).

Mi vida había sido destruida por los ataques de las langostas del pecado. Entonces, como un ángel del Señor, un hombre quebrantado y lleno del Espíritu de Dios llegó a mi vida. No estaba ahí para condenarme, sino para mostrarme compasión. Pocos minutos después de conocerlo yo me arrodillé ante la cruz. Entonces me llegó la bendita promesa transmitida a través de Joel: "Y os restituiré los años que comió la oruga, el saltón, el revoltón y la langosta, mi gran ejército que envié contra vosotros" (Joel 2:25).

No sólo Dios me estaba salvando, sino que iba a sanar el terreno de mi corazón. Mi vida sería empapada por una lluvia del cielo. Comenzarían a crecer los frutos; volvería a brotar la vida en mi suelo, que alguna vez fuera estéril y cubierto de rocas. Cuando recuerdo este momento de decisión, una nueva oleada del amor del Salvador brota de mi corazón por los pecadores endurecidos. Quizás haya esperanza; la hubo para mí. Y fluyen las lágrimas.

Años antes yo había aprendido que la palabra compasión significa "sufrir juntos". Alguien ha dicho que la empatía es sentir tu dolor en mi corazón. Quizá no conozcamos sus nombres, pero podemos sentir su dolor. Y la siembra y la cosecha continúan. Las lágrimas empapan los corazones endurecidos de las personas cuando estas escuchan a alguien que se interesa de verdad. Lo que podrían haber parecido palabras duras para algunos traen sanidad a los huesos de otros. Vemos cómo comienza la restauración a medida que se acercan al Salvador.

"Si eres cristiano, tú también sentirás entrañable misericordia" (ver Colosenses 3:12), escribe Philip Doddridge.

"Las misericordias de Dios, y las de nuestro bendito Redentor, obrarán en tu corazón, para moldearlo con sentimientos de compasión y generosidad. Sentirás las necesidades y los pesares de otros. Desearás aliviar sus necesidades; y cuando tengas la oportunidad, harás bien tanto a sus cuerpos como a sus almas; expresando tu cálido afecto en acciones adecuadas, que pueden al mismo tiempo evidenciar su sinceridad y hacerlas efectivas".[6]

También debe haber valentía y fervor de nuestra parte. Llorar por los campos es para hombres y mujeres de Dios, no para debiluchos espirituales. Dios no tiene lugar para los cobardes. "Porque el que se avergonzare de mí y de mis palabras en esta generación adúltera y pecadora, el Hijo del Hombre se avergonzará también de él, cuando venga en la gloria de su Padre con los santos ángeles" (Marcos 8:38).

Cuando pienso en valentía, recuerdo a los miles de misioneros de las sectas que están por todo el mundo. Los encontramos en las calles de todos los países. La triste realidad es que la mayoría de nosotros no distinguimos claramente el rápido crecimiento de las sectas en nuestra sociedad. "No lo comprendo", decimos. "¿Cómo puede alguien ser tan ciego como para seguir a esa persona? Vendieron todo para seguir a ese hombre que obviamente es un falso profeta. ¿Cómo pueden ser tan ingenuos como para dejarse llevar como ovejas al matadero?"

¿Será que muchos se unen a ellos porque les mostraron compasión? En su estudio sobre las religiones titulado The People's Religion: American Faith in the Nineties (La religión del pueblo: La fe de los estadounidenses en los noventa), George Gallup, Jr., da dos razones por las que las personas se sienten atraídas por las sectas. Estas razones deberían ser una alarma que despierte a la iglesia de Jesucristo:

1. Necesidad de liderazgo y de una figura paternal.
2. Vidas infelices y sensación de desesperanza.[7]

Otros citan la necesidad de un significado más profundo para la vida, así como el hecho de que las iglesias no llegan a responder a las necesidades espirituales.[8]

No debería sorprendernos que las dos razones principales por las que las personas se unen a las sectas no tengan nada que ver con la doctrina y mucho que ver con el deseo de comunión y de recibir cuidado. Esa es una poderosa razón para que los cristianos hagan suya la misericordia del Señor. La gente está dispuesta a seguir a alguien que se preocupe por ellos. La humanidad perdida está dispuesta a entregarse a alguien que realmente quiera dar. El viejo dicho viene a la mente: "A las personas no les importa lo que sabes sino cómo las tratas".

Además, para llorar por los campos debemos aprender a mirar más allá de las fachadas. Debemos recordar que la capa superficial del terreno de las vidas de las personas puede estar cubriendo capas más profundas de tierra endurecida por el pecado. Algunos quizás estén frente al martillo de juez del Señor irradiando autosuficiencia, pero por dentro se están sofocando.

No es difícil distinguir señales de sed en los rostros de quienes conocemos en formas normales. Si nos paramos en una esquina y observamos los rostros de la gente que pasa, sólo esporádicamente veremos alguno que demuestre paz. Cuán raramente se ve gozo, serenidad, una sana satisfacción. "¡Nos enfrentamos a una inquietud generalizada! La mayoría de la gente parece sufrir de la aflicción que produce el dolor por las necesidades no satisfechas. Los mismos rostros sugieren una inquietante sed."[9]

G. D. Watson, un gran predicador de la Santidad nacido en Virginia en 1845, ofrece el siguiente comentario que demuestra cuán profundamente comprendía el problema:

"Ningún pecador llorará si le presentamos fría y formalmente sus pecados. El Monte Sinaí hizo temblar a los judíos, pero no los hizo llorar. Así, la denuncia del pecado, la representación del mismo, jamás logra producir lágrimas de arrepentimiento. Es sólo cuando los pecados se ven a la suave y cálida luz del amor y la compasión infinitos, que el corazón se quebranta y fluyen las lágrimas. La ley podrá revelar el pecado, pero nada en el universo excepto el amor puede hacer que un hombre odie sus pecados. El agua podrá estar encerrada en el hielo, pero no se la puede beber hasta que se haya derretido, y es necesario el calor del más tierno amor para producir las aguas del arrepentimiento".

Sus pocas palabras sobre el tema dicen más que muchos volúmenes sobre esta verdad.

He visto a muchos jóvenes, al sentir el bendito perdón del Señor, lanzarse inmediatamente a los campos para la cosecha. Habiendo experimentado tal lluvia de bendición, inmediatamente se alistan para trabajar en los campos. Sin más que la Biblia en sus manos y Jesús en sus corazones, pasan rápidamente a las líneas del frente, listos para atacar al enemigo con inapagable celo.

Nunca olvidaré a un joven llamado Milton que fue salvo durante nuestra cruzada en Colombia. Dios lo había librado milagrosamente del alcohol y las drogas, y su experiencia con el Señor era genuina. Lloró lágrimas de arrepentimiento, y luego, de gozo. Una hora después de convertirse, me preguntó: "¿Puedo trabajar con usted en las calles?" ¡Qué pregunta! Y qué placer trabajar con un muchacho tan fresco y entusiasta. Puedo testificar de lo sabio de las palabras de D.L. Moody, que dijo: "Tan pronto como un joven es salvo, lo pongo a trabajar. Lo hago trabajar día y noche. Creo que por un hombre que muera a causa de exceso de trabajo en la causa de Cristo, habrá diez mil que mueran de pereza." Codo a codo, los recién convertidos aprenden la importancia de llorar por los campos por los perdidos.

Después de predicar en un instituto bíblico de Buenos Aires, recibí la siguiente carta como resultado de un mensaje bañado en lágrimas sobre la misericordia de nuestro Señor:

Hoy hizo un impacto increíble en las vidas de los alumnos. Cada uno de nosotros cayó de rodillas llorando delante del Señor. Después del culto en la capilla, volvimos a las clases. Mis compañeros seguían llorando. No podíamos controlar las lágrimas. El profesor tuvo que dejar de enseñar. La carga era demasiado pesada para soportarla. Quebrantados, conmovidos, comenzamos a orar. Otra alumna acababa de testificar sobre el fuego del Señor que cayó sobre ella durante la predicación. Estaba temblando sin control y hablaba de un llamado renovado de Dios sobre su vida. Otra, sollozando, compartía su convicción de pecado por estar desperdiciando un tiempo precioso mientras el mundo corría hacia su condenación eterna.

Estos resultados jamás se habrían producido si el mensaje no hubiera estado bañado en lágrimas. Durante el gran avivamiento irlandés de 1859, S.J. Moore escribió:

"He observado con frecuencia que inmediatamente después de ser asegurados, al sentirse a salvo en el Salvador, y en profunda y reluciente gratitud, (habiendo adjudicado a El toda la gloria de su liberación), comienzan, con una superabundante compasión e intensa urgencia, a clamar a Jesús por los pobres pecadores, para que ellos también vengan a disfrutar de la salvación y glorificar a Cristo. Más de una vez he sido necesario para ayudar a retirar jóvenes de las reuniones públicas para evitar confusiones. Desde la oración silenciosa sobre sus rodillas, en los bancos, se levantan, y de pie sobre los bancos, con lágrimas fluyendo profusamente de sus ojos, con toda la ansiedad de una lucha a vida o muerte, convocan a los pecadores a venir a Jesús, y al Espíritu Santo de Dios para que los traiga a Jesús. Su compasión por los pecadores, o por la gloria de Cristo en la salvación, no puede ser controlada. Mientras el impulso exista, debes rendirte a él, no importa cuán tímido y discreto seas".[10]

Debemos llegar a un punto en nuestras labores en que sintamos pesar si no vemos a otros venir al Señor. Deberíamos gemir y clamar por su ceguera y su muerte espiritual. Como un campesino lloraría por una cosecha infructuosa, de la misma manera deberíamos nosotros derramar lágrimas por nuestros silos vacíos.

Se ha escrito de John Bunyan, que él llevaba esta carga sobre sus hombros. El sabía el valor del interés en Cristo, y por sus propias experiencias de la bondad de Dios, mostrándole, por una parte, su corrupción natural, su culpa y enemistad, y la ira que le era debida por consiguiente; y la virtud de la sangre de Cristo por otra parte, para liberarlo de todo. Y de ese conocimiento experimental fluían profundos deseos y fervientes oraciones, para que la obra de Dios se llevara a cabo en forma efectiva sobre los pecadores, especialmente aquellos entre los que él trabajaba en palabra y doctrina; y motivo de pesar era para él, cuando no veía conversiones.[11]

De John Welch se dice que pasaba largas horas de rodillas junto a su cama, aun en las noches de invierno, orando y llorando en la oscuridad, con sólo una manta echada sobre sus hombros, y que su esposa, pobre criatura, le amonestaba rogándole que retornara a su descanso, sólo para recibir esta respuesta: "Oh, mujer, tengo tres mil almas por las cuales responder, y no sé qué sucede con muchas de ellas."[12]

La carga por las almas constantemente estaba sobre los hombros de John Welch, un campesino espiritual que sembró con lágrimas y cosechó con gozo.

Te pregunto: ¿Testificas como un moribundo a personas que están muriendo? ¿Llevas el peso del mundo sobre tu espalda? ¿Sientes el dolor de los demás? ¿Escuchas los gritos de los que serán condenados?

Uno de los más grandes evangelistas ingleses llevó la carga del Señor a Estados Unidos. La compasión que sentía George Whitefield muchas veces lo hacía llorar:

Al abrir los tesoros de la infinita misericordia de Dios y las riquezas del amor redentor a sus ojos, lloraba él al pensar cuánto tiempo habían sido desconocidas o despreciadas por muchos, y con cuán baja ingratitud miles aún se apartarían de ellas. Como viendo su ser espiritual en peligro, y sus almas al borde de la ruina irreparable, se apresuraba, con gozo en el rostro y ternura en su corazón, a hablarles de Aquel que era "poderoso para salvar" y a decirles que "éste es el tiempo aceptable, el día de salvación".

El llevaba el peso de la Gran Comisión y conocía el valor de las almas inmortales. El mal del pecado, el peligro de la impenitencia, los poderes del mundo por venir, las glorias del cielo y las inexpresables miserias de las regiones del infierno estaban visiblemente presentes en su propia mente; y de éstas, "de la abundancia de su corazón", hablaba a otros. No podía estar en calma, ser apático en temas como estos. Con mucho de la ternura de Aquel que lloró por Jerusalén, hablaba de estas cosas a todos los que se acercaban a él. Su ojo vívido brillaba con el resplandor de la ternura, y sus lágrimas, al hablar, muchas veces mojaban su pequeña Biblia o rociaban la tierra. El lugar en que él estaba era un Boquim: un lugar de lágrimas.[13]

Como Whitefield, Welch y Bunyan, debemos hacer contacto compasivo con nuestros ojos. Las personas no sólo deben escuchar nuestros sermones sino verlos correr por nuestras mejillas. Se dijo de D.L. Moody que nunca se refería al infierno sin lágrimas. El comprendía el lenguaje de las lágrimas. Nuestro llanto en el lugar secreto de oración debe transportarnos en un río de lágrimas al llanto de los perdidos.

Para llorar por los campos debemos, primero, entrar a ellos. Pero lamentablemente, muchos de nosotros nunca pasamos de la puerta de entrada. Watchman Nee, autor de La vida cristiana normal, escribió una vez: "En un sistema mundano oscurecido con el humo del pozo, cuánto nos regocijamos al encontrar santos frescos, que tienen el aire limpio del cielo."[14] Aunque no puedo estar más de acuerdo con él, también me preocupa profundamente esta afirmación. Sabes, para comprenderla plenamente, debemos comprender su origen.

Watchman Nee era un santo del Señor perseguido, temeroso de Dios, ganador de almas. Su corazón estaba profundamente arraigado en las realidades del servicio. El llevaba sobre sus hombros la carga del Señor. Y todo lo veía a través de los ojos de la eternidad. Por esto, sufrir por amor a la justicia era, para él, algo meramente temporal; sólo lo que se hacía por Cristo tenía valor.

Por lo tanto, comprendía personalmente la persecución verbal a la que fue sujeto nuestro Señor, como se la describe en Lucas 15:1, 2. Los líderes religiosos se quejaban y criticaban el estilo de vida de Jesús, escupiendo acusaciones contra él constantemente. "Este a los pecadores recibe, y con ellos come" (v. 2), protestaban. Y realmente, tenían razón, porque eso era lo que Jesús hacía.

Esta es, en resumen, la esencia de lo que manifestaba Nee: El aire fresco del cielo sólo puede disfrutarse luego de haber tenido contacto muy cercano con el hedor de este mundo. Este hombre de Dios se quedaría atónito al ver los excesos de comidas, diversión y compañías del cristiano moderno, y nuestras actitudes hipócritas hacia los impíos.

Sabes, Jesús vivía en la "sección de fumadores". Sus ropas estaban constantemente oscurecidas por el humo, mientras su corazón permanecía limpio, con el fresco aire del cielo. De la misma manera, Watchman Nee pasaba mucho tiempo con pecadores; él también vivía en la sección de fumadores. Y sabía cuán refrescante es recibir una limpia lluvia del cielo después de un largo y duro día de trabajo en los polvorientos campos de la cosecha de la tierra. Conocía la satisfacción de saborear la carne de la Palabra después de trabajar para el Señor toda la tarde bajo el sol abrasador. Conocía el dulce sabor del agua viva de la fuente eterna, después de sudar tras el arado del evangelio. Apreciaba la luz del mundo mucho más después de trabajar en la oscuridad de la noche.

¿Sientes que te consume la condición del hombre? ¿Cenas con los estafadores? ¿Puedes conversar con los condenados? ¿Eres amigo de los pecadores? ¿Lo saben ellos? ¿Lo sienten? ¿Te queda adherido el olor de su humo?

"Deberíamos ponernos a llorar si no tenemos lágrimas para los perdidos", proclama Leonard Ravenhill. "Deberíamos ruborizarnos por no tener vergüenza. Deberíamos inclinarnos ante Dios y arrepentirnos porque no tenemos el corazón quebrantado. Un predicador que tiene los ojos húmedos jamás puede predicar un sermón que deje con los ojos secos a quienes lo escuchan."

Quizá recuerdes la última vez que saliste con tu familia a cenar y estabas en el restaurante disfrutando de la comida, cuando un grupo de brutos jóvenes entró hablando palabrotas y se sentó a la mesa contigua. Mientras ellos vociferaban y se divertían en su maldad, maldiciendo literalmente a Dios, todas las emociones, desde el temor hasta la ira, se agolpaban en tu interior.

Su humo llenaba el salón, contaminando tu privacidad; no el humo del tabaco, sino el humo que sube del infierno. Esa nube pendía sobre tu mesa y hacía sentir incómodos a todos. La impiedad, la suciedad y el hedor del pozo convirtieron tu mini-vacación en un encuentro con el infierno. Mientras ellos danzaban con el diablo y cenaban con los demonios, tú tragaste apresuradamente el último bocado, pediste la cuenta, pagaste y saliste corriendo de allí. Afuera, sí, pero... ¿adónde?

No hay forma de escapar de los pecadores. Compartimos este planeta con los impíos. Y tenemos que recordar que muchos de nosotros éramos iguales a ellos (quizá no hace tanto tiempo de eso). ¿Cómo puede ser que hayamos llegado a ser tan justos, tan intachables?

¿Qué hubiera ocurrido si las personas que nos trajeron las buenas nuevas hubieran huido de nuestra presencia después de sentir nuestro aliento? ¿Qué, si nos hubieran cerrado la puerta de un golpe en la cara después de escuchar nuestras palabrotas? ¿Qué, si hubieran dicho: "Pagano sin remedio, ciego y tonto, que odias a Dios. Un día pagarás. Vamos, vámonos de aquí."

¿Será que los pecadores huelen el hedor de nuestra piadosa espiritualidad? ¿Será que le han dado la espalda a todos los que les ofrecieron a Jesús por lo que hemos presentado con nuestras vidas y nuestras actitudes?

Jonathan Edwards estaba horrorizado ante la hipocresía de muchos obreros cristianos:

Algunos hacen grandes demostraciones de amor por Dios y por Cristo, pero no muestran amor ni benevolencia hacia los hombres, sino que están dispuestos siempre a las contiendas, la envidia y la venganza. Muchos dejan que un viejo resentimiento quede en su corazón durante años, viviendo en amargura de espíritu hacia su prójimo. Por otra parte, hay otros, que aparentemente muestran gran benevolencia hacia los hombres, pero no tienen amor a Dios.[15]

Robert McCheyne respondía a las actitudes piadosas exhortando de esta forma:

Trata suave y tiernamente a tus amigos no convertidos. Recuerda... una vez tú fuiste tan ciego como ellos.[16]

Susan Huntington, querida amiga de John Wesley, George Whitefield y Philip Doddridge, dijo que hay tres elementos que componen el alma renovada:

1. Un odio total por el pecado.
2. Un devoto amor al Redentor.
3. Amor y buena voluntad hacia los hombres.

"¿Soy verdaderamente una hija de Dios?", se pregunta durante un período de autoexamen.

¿Deseo honestamente y de todo corazón ser libre de la corrupción que subyace a mi naturaleza, y que me convierte en extranjera en el hogar de mi Padre? ¿Acaso mi corazón se extiende en amor y ternura hacia Aquel que llevó mis iniquidades y por cuyas llagas fui yo curada? Y con este amor en mi alma, ¿es el deseo de mi corazón y mi oración a Dios cumplir mi parte, por humilde que sea, para llevar a otros a este Salvador de los hombres perdidos? Porque este es el fruto de la fe.[17]

Te desafío a plantearte las siguientes preguntas:

* ¿Quiere Dios que yo sea un obrero en lágrimas en sus campos?

* ¿Estoy dispuesto a pagar el precio de la cosecha?

* ¿Entregaré "mis más preciosas semillas" y esperaré pacientemente que pase el invierno?

* ¿Trabajaré como para el Señor de la cosecha?

Aquí, una vez más, está nuestro texto, la clave para descifrar el misterio de la cosecha espiritual: "Irá andando y llorando el que lleva la preciosa semilla; mas volverá a venir con regocijo, trayendo sus gavillas" (Salmo 126:6).

"Habla cada vez, mi querido hermano, como si fuera la última", decía George Whitefield. "Borra con lágrimas, de ser posible, toda discusión, y oblígalos a clamar: 'Mirad cómo nos ama'."

Quisiera enfatizar nuevamente un pensamiento de Richard Bastar que he mencionado en un capítulo anterior: "Contempla a los pobres pecadores con lágrimas en tus ojos, y que vean que tú crees que ellos se sienten miserables, y que te compadeces profundamente de ellos. Que perciban que el deseo de tu corazón es hacerles bien."

(La gran nube de testigos nos grita desde el cielo:) "¡Llora por tu rebaño!", grita el mensaje del corazón de McCheyne. "¡Llora por el mundo!", aprendemos de Whitefield. "¡Llora por tu prójimo!", clama el apasionado grito de Baxter.

"¡Llora en los campos!", dice el Señor de la cosecha. ¡Amén!

NOTAS

Capítulo 1
Un hambre personal

1. C. H. Spurgeon, *El Tesoro de David*, (Barcelona: Clie, 1989).
2. Andrew Bonar, *Memoirs and Remains of the Reverend Robert Murray Mc-Cheyne* (Memorias y obra póstuma del Reverendo Robert Murray McCheyne) (Edimburgo: Oliphant, Anderson & Ferrier, 1881).
3. Ibid.
4. John Flavel, *A Treatise on Keeping the Heart* (Tratado sobre cómo guardar el corazón) (Nueva York: The American Tract Society, 1835), pág. 85
5. J. B. *Stoney, Ministry* (Ministerio), vol. 1 (Lancing, Sussex: Kingston Bible Trust, 1985), pág. 14.
6. Herman Venema (S. XVIII), citado por C. H. Spurgeon, *El tesoro de David*.
7. Edna Dean Proctor y A. Moore, *Life Thoughts, Gathered from the Extemporaneous Discourses of Henry Ward Beecher* (Pensamientos recogidos de los discursos espontáneos de Henry Ward Beecher) (Nueva York: Ford, Howard & Hulbert, s. fecha), pág. 20.
8. *Letters of George Whitefield* (Cartas de George Whitefield) (s. fecha; reimpresión, Edimburgo: Banner of Truth Trust, 1978).

Capítulo 3
El dolor del Señor

1. Tomás de Kempis, *La imitación de Cristo*, citado en La oración, verdadero refugio del alma, de Richard Foster (Miami: Caribe, 1994), pág. 56.
2. Francis Parkman, *An Offering of Sympathy to the Afflicted* (Un ofrecimiento de compasión para los afligidos) (Londres: James Monroe and Company, 1842), pág. 133.
3. Ibid.
4. John McClintock and James Strong, *Encyclopedia of Biblical, Theological, and Ecclesiastical Literature* (Enciclopedia de literatura bíblica, teológica y eclesiástica), vol. 3 (Nueva York: Harper Brothers, 1894), pág. 1008.
5. Ibid.
6. Phineas Fletcher, poema sin título tomado de *Hail, Gladdening Light, Music of the English Church, The Cambridge Singers* (Salud, luz que traes alegría; Música de la Iglesia de Inglaterra; Los cantores de Cambridge) (Gran Bretaña: Collegium Records, 1991), 113.
7. C. H. Spurgeon, *El tesoro de David*.
8. D. A. Harsha, *"Savior's Agony by Joseph Hall"* (La agonía del Salvador, por

Joseph Hall) Devotional Thoughts of Eminent Divines (Devocionales de teólogos eminentes) (American Tract Society, 1866), pág. 61.

9. Richard J. Foster, *La oración, verdadero refugio del alma*, pág. 55.

10. Stephen Charnock, *The Existence and Attributes of God* (Existencia y atributos de Dios), vol. 1 (Grand Rapids, Mich.: Baker Book House Co., 1979), págs. 96-397.

11. Spurgeon, *El tesoro de David*.

12. Thomas, I. D. E., *The Golden Treasury of Puritan Quotations* (Tesoro dorado de citas puritanas) (Edimburgo, Banner of Truth Trust, 1977), pág. 41.

13. Charnock, *The Existence and Attributes of God*, pág, 397.

14. C. H. Spurgeon, *El tesoro de David*.

15. Bonar, *Memoirs and Remains of the Reverend Robert Murray McCheyne*, pág. 153.

16. C. H. Spurgeon, *El tesoro de David*.

17. Horatius Bonar, *The Night of Weeping or Words for the Suffering Family* (La noche del llanto o Palabras para la familia que sufre) (Robert Carter & Brothers, 1856), págs. 151-153.

Capítulo 4
Los hombres no lloran

1. William H. Frey y Muriel Langseth, *Crying, The Mystery of Tears* (Llanto: El misterio de las lágrimas) (Minneapolis, Minn.: Winston Press, Inc., 1985), pág. 4.

2. Ibid.

3. Stuart Cosgrove, "Men Who Cry" *(Hombres que lloran)*, Statesmen and Society 3 (Hombres de estado y sociedad 3), (Noviembre de 1990), pág. 32.

4. *Essence* 21 (Esencia 21) Noviembre 1990, pág. 38.

5. "Cry! It's human" *(¡Llora! Es humano)*, revista Glamour, agosto 1991, pág. 212.

6. William J. Hart, *Hymn Stories of the Twentieth Century* (Historias de himnos del siglo veinte) (Boston, Mass.: W. A. Wilde Co., 1948), págs. 98 y 99.

7. Del himno *"Firmes y adelante"*, letra de Sabine Baring-Gould, traducido por Juan B. Cabrera.

8. Del *"Himno de batalla de la república"*, letra de Julia Ward Howe.

9. F. W. Boreham, *A Temple of Topaz* (Un templo de topacio) (Filadelfia, Pa.: Judson Press, 1928: reimpresión, Nueva York: Abingdon Press, 1951), págs. 30 y 31.

10. Frey y Langseth, *Crying, The Mystery of Tears*, pág. 96.

11. *Memoirs of Reverend Charles G. Finney* (Memorias del Reverendo Charles G. Finney) (Nueva York: A. S. Barnes & Co., 1876), pág. 19.

12. Rob Warner, *Prepare for Revival* (Prepárate para el avivamiento) (Gran Bretaña: Hodder & Stoughton, 1995), págs. 84 y 85.

13. Frey y Langseth, *Crying, The Mystery of Tears*, pág. 96.

14. Roberta Israeloff, "Are You a Crybaby? Here is Why, Baby!" ("¿Lloras como

un bebé? ¡Te decimos porqué, nena!"), revista *Cosmopolitan* 214 (abril 1993), pág. 123.

15. Thomas Scott, *The Force of Truth* (La fuerza de la verdad) (Edimburgo: Banner of Truth Trust, 1841), pág. 93.

16. Frey y Langseth, *Crying, The Mystery of Tears*, pág. 102.

17. Richard Foster, *La oración, verdadero refugio del alma*, pág. 56.

Capítulo 5
El síndrome de los ojos secos

1. Ver nota 1 en el capítulo 4.

2. Dr. Charles B. Clayman, *The American Medical Association Encyclopedia of Medicine* (Enciclopedia médica de la Asociación Estadounidense de Medicina) (Nueva York: Random House, 1989), pág. 966.

3. Ibid.

4. Dr. S. Norman Sherry *"How to Calm a Crying Baby"* (Cómo calmar a un bebé que llora), revista Ladies Home Journal, setiembre 1991, pág. 80.

5. Frey y Langseth, Crying, *The Mystery of Tears*, pág. 17.

6. Ronald M. Doctor y Ada P. Kahn, *The Encyclopedia of Phobias, Fears and Anxieties* (Encyclopedia de fobias, miedos y ansiedades) (Nueva York: Facts on File, 1989), pág. 120.

7. Frey y Langseth, Crying, *The Mystery of Tears*, pág. 71.

8. Gini Kopechy, "Have a Good Cry" (Llora un buen rato), revista *Redbook,* mayo 1992, pág. 106.

9. Frey y Langseth, Crying, *The Mystery of Tears*, pág. 108.

10. Kopechy, "Have a Good Cry", *Redbook*.

11. Ibid.

12. Dr. Frederick S. Perls, Ralph Hefferline y Paul Goodman, *Gestalt Therapy: Excitement and Growth in the Human Personality* (Terapia gestáltica: Entusiasmo y crecimiento en la personalidad humana) (Nueva York: Bantam Books, 1951), pág. 141.

13. Paul Le Tan, *Encyclopedia of 7,700 Illustrations* (La enciclopedia de las 7.700 ilustraciones) (Rockville, Md.: Assurance Publishers, Minister's Research Service, 1984), pág. 1431.

14. *Doland's Illustrated Medical Dictionary* (Diccionario médico ilustrado de Doland) (Filadelfia, Pa.: W. B. Saunders Company: Harcourt Brace Jovanovich, Inc., 1994), pág. 874

15. "Current Medical Diagnosis and Treatment" ("Diagnósticos y tratamientos médicos actuales"), *Lange Medical Books* (Stanford, Conn.: Appleton & Lange Publishers, 1992), pág. 129.

16. Ibid.

17. Frey y Langseth, Crying, the *Mystery of Tears,* pág. 108.

18. Ibid.

19. Editores de la revista Prevention, *Prevention's New Encyclopedia of Common Diseases* (Nueva enciclopedia de enfermedades comunes de Prevention) (Em-

maus, Pa.: Rodale Press, 1984), pág. 914.

20. Frey y Langseth, *Crying, The Mystery of Tears*, pág. 108.

21. Thomas Fuller, *Good Thoughts in Bad Times and Other Papers* (Buenos pensamientos en tiempos malos y otros escritos) (Boston, Mass.: Ticknor and Fields, 1863), pág. 336.

Capítulo 6
Un motivo para llorar

1. David Foster, de Associated Press, 15 de noviembre 1993.

2. J. H. Howett, *The Passion for Souls* (La pasión por las almas) (Nueva York: Fleming H. Revel Company, 1905), pág. 35.

3. Minnie Lindsay Carpenter, *William Booth: The Founder of the Salvation Army* (William Booth, el fundador del Ejército de Salvación) (Londres: Wyvern Books, The Epworth Press, 1944).

Capítulo 7
Llorando la Palabra

1. Frank S. Mead, 12,000 *Religious Quotations* (12.000 citas religiosas) (Baker Book House, 1989), pág. 34.

2. George Gilfillan, *The Bards of the Bible* (Los bardos de la Biblia) (Nueva York.: D. Appleton & Co., 1851), págs. 219 y 220.

3. Poema de Benjamin Beddome.

4. James Strong, *Strong's Exhaustive Concordance of the Bible* (Concordancia exhaustiva de la Biblia de Strong) (Nashville, Tenn.: Thomas Nelson Publishers, 1984), véase "klaio".

5. John P. Gulliver, "Serious Meditations Upon the Four Last Things of Hell and the Estate of Those that Perish" ("Serias meditaciones sobre las últimas cuatro cosas y el estado de aquellos que perecen"), *The Complete Works of John Bunyan: D.D., LL.D.* (Obras completas de John Bunyan) (Brantford, Ontario: Bradley, Garretson & Co., 1881), págs. 994 y 995.

6. Poema de Benjamin Beddome.

Capítulo 8
Lágrimas de parto

1. La carta fue escrita por cinco adolescentes que entregaron su vida al Señor durante la cruzada y que estaban asistiendo a la nueva iglesia.

2. E. Denny, "To Calvary" (Al Calvario), *Redemption Hymnal* (Sussex, Inglaterra: The Joint Redemption Hymnal Committee, Kingsway Publications LTD, 1951), pág. 179.

3. Sharon Begley, "One Pill Makes You Larger, One Pill Makes You Small", (Una píldora te hace más grande, la otra te hace más pequeño) revista *Newsweek*, 7 de febrero de 1994, pág. 40.

4. J. H. Jowett, *The Passion for Souls*, pág. 34.

5. Leonard Ravenhill, *Porqué no llega el avivamiento* (Miami, Fl.: Betania, 1980), pág. 108.

6. Ibid, pág. 108.

7. Ibid, pág. 110.

8. Charles G. Finney, Lectures on Revivals of Religion (Discursos sobre avivamientos religiosos) (Oberlin, Ohio: E. J. Goodrich, 1868), pág. 15.

9. W. E. Wine, *An Expository Dictionary of New Testament Words* (Diccionario expositivo de palabras del Nuevo Testamento) (Fleming H. Revell Company), pág. 151.

10. John E. Smith, ed., *Jonathan Edwards' Works,* (Obras de Jonathan Edwards), vol. 4 (New Haven, Conn.: Yale University Press, 1957), pág. 94.

11. J. William Jones, *Christ in the Camp, or Religion in Lee's Army* (Cristo en el campamento, o La religión en el ejército de Lee) (Richmond, Va.: B. F. Johnson & Company, 1887), págs. 202 y 203.

12. Ravenhill, *Porqué no llega el avivamiento,* pág. 112.

Capítulo 10
Lágrimas de arrepentimiento

1. Richard Foster, La oración, verdadero refugio del alma, págs. 51 y 50.

2. Henry Scougal, *The Life of God in the Soul of Man* (La vida de Dios en el alma del hombre) (Harrisonburg, Va.: Sprinkle Publications, 1986), pág. 129.

3. Ibid.

4. Jonathan Edwards, *The Life of David Brainerd* (La vida de David Brainerd) (Nueva York: American Tract Society, c. 1833), pág. 154.

5. Edna Dean Proctor y A. Moore, *Life Thoughts, Gathered from the Extemporaneous Discourses of Henry Ward Beecher,* pág. 25

Capítulo 11
Una vasija para guardar tus lágrimas

1. "The Biblical Treasury of Expositions and Illustrations", (El tesoro bíblico de exposiciones e ilustraciones), *London Sunday School Union,* vol. 5 (Londres: William Rider and Sons Printers, s. fecha), págs. 180 y 181.

2. Maggie Ross, *The Fountain and the Furnace, The Ways of Tears and Fire* (La fuente y el horno, de lágrimas y fuego) (Nueva York: Mahwah Paulist Press, 1987), pág. 159.

3. Joseph Parker, *The People's Bible Discourses Upon Holy Scripture* (Discursos Bíblicos sobre las Sagradas Escrituras) (Londres y Nueva York: Funk & Wagnalls, s. fecha), pág. 112.

4. Ibid.

5. DeWitt Talmage, citado por R. M. Offord, ed., "Life's Golden Lamp" (La lámpara de oro de la vida), *New York Observer*, 1888.

6. Edward Irving, citado por Elon Foster, *6000 Sermon Illustrations* (6000 ilustraciones para sermones); previamente publicado como *New Cyclopedia of Prose Illustrations* (Nueva ciclopedia de ilustraciones en prosa) (Grand Rapids, Mich.: Baker Book House, 1952), pág. 617.

CON LAGRIMAS EN LOS OJOS

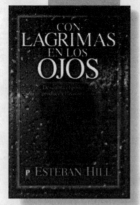

AUTOR: ESTEBAN HILL

¿LAGRIMAS QUE DESATAN UN INCENDIO?

Dentro de cada hombre y cada mujer hay una fuente esperando estallar: una fuente tan tremenda que produce su propio lenguaje... el lenguaje de las lágrimas. Este se libera cuando finalmente vemos la realidad de quienes somos en relación con Dios.

El lenguaje de las lágrimas comenzó a hablarse en la Iglesia de las Asambleas de Dios de Pensacola, Florida, en 1992. Tres años más tarde, el 18 de junio de 1995, el Señor contestó sus lágrimas, derramando un tremendo fuego de avivamiento que está barriendo la nación y tocando a todo el mundo. Este es un potente ejemplo de lo que puede lograr la oración sincera acompañada de lágrimas por los perdidos.

LA BENDICION DEL PADRE

AUTOR: JOHN ARNOTT

Un maravilloso derramamiento del Espíritu Santo se está produciendo en la iglesia de John Arnott, en Toronto, Canadá. Probablemente usted haya oído hablar de ella como "la bendición de Toronto". Gracias a Dios, no está limitada a Toronto, y esta es su oportunidad de experimentarla por usted mismo.

Con extraordinarios testimonios originales y una sana visión teológica, John Arnott le hablará a su corazón y le mostrará cómo usted puede experimentar un fresco mover del Espíritu Santo en su vida.

NO TE RINDAS

AUTOR: BENNY HINN

Un glorioso relato del triunfo de la fe sobre el temor. En este libro Benny Hinn nos relata las adversidades que tuvo que enfrentar una mujer enferma de flujo de sangre después de 12 años y las 7 oposiciones detalladas contra las que luchó Jairo antes de recibir el milagro de la resurrección de su hija.

Las mismas adversidades y luchas que enfrentaron estas personas son las que tendrás tú, antes de recibir el milagro que Dios hará en tu vida. No bajes los brazos ante la primer dificultad, lucha hasta el fin. ¡NO TE RINDAS!

BENNY HINN es fundador y pastor del "Centro Cristiano de Orlando", escritor de varios libros como "Buenos Dias, Espíritu Santo", "La Unción", "La Sangre", "Bienvenido Espíritu Santo".

SALVACION, SALUD Y PROSPERIDAD

AUTOR: YONGGI CHO

Tres Bendiciones en Cristo:

* Para el espíritu: La plenitud de la salvación
* Para el cuerpo: La salud.
* Para la vida terrenal: Prosperidad

El Dr. Cho nos invita a acercarnos a nuestro Señor, quien nos ama, y a recibir estas tres bendiciones.

Adquiéralo en su libreria amiga. Es de...

EDITORIAL
PENIEL

LA CANCION PROFETICA

AUTOR: LAMAR BOSCHMAN

¡Gran parte de las Escrituras fueron originalmente cantadas, no habladas! Imagínate a hombres como Moisés, David, Salomón e Isaías cantando sus profecías, ¡Dios está restaurando esta forma de profetizar en la actualidad!

LAMAR BOSCHMAN, es autor, compositor, editor de música, orador en congresos y seminarios de adoración. Es autor de dos bestseller "El Renacimiento de la Música" y "Pasión por su presencia".

PASION POR SU PRESENCIA

AUTOR: LAMAR BOSCHMAN

Este libro te va a guiar a cumplir tu deseo de vivir en comunión con Dios.

Podrás descubrir cómo entrar a la presencia manifiesta de Dios y desarrollar el deseo de permanecer allí en comunión.

"UNA COSA LE HE PEDIDO AL SEÑOR, ESTA BUSCARE, PEDIRE Y PEDIRE(intensamente): QUE HABITE YO EN LA CASA DEL SEÑOR (en su presencia) TODOS LOS DIAS DE MI VIDA, PARA CONTEMPLAR LA HERMOSURA(la dulce atracción y el delicioso encanto) DEL SEÑOR...

SALMO 27:4-Biblia Ampliada

Muchos hombres de la Biblia que experimentaron esta presencia sintieron un profundo deseo de permanecer allí.

Adquiéralo en su libreria amiga. Es de...

EDITORIAL
PENIEL

EL PRECIO DE LA UNCION

AUTOR: JUAN JOSE CHURRUARIN

Pasos en la dimensión del poder de Dios.
Este libro te enseñará a:
* Cómo vivir una vida más profunda en la dimensión del Espíritu.
* Recibir, reconocer y vivir bajo la unción del Espíritu Santo.
* Aprovechar el tiempo y las oportunidades que Dios da.
* Caminar en la nueva visión que Dios está dando hoy.

UNA VISLUMBRE DE GLORIA

AUTOR: KATHRYN KUHLMAN
LO QUE PENSABA, LO QUE CREIA, LO QUE DECIA

* Sobre las mujeres en el ministerio: " Yo no fui la primera opción de Dios... pero ningún hombre estuvo dispuesto a pagar el precio"
* Sobre su propio ministerio: "El tremendo sentido de responsabilidad está siempre conmigo..."
* Sobre los que no reciben sanidad: "Yo no tengo poder para sanar. Nadie sabe cuánto dolor siento internamente cuando ha terminado un servicio, y veo a algunos que salen en las mismas sillas de ruedas en que entraron"
* Sobre la vida cristiana: "Nadie disfruta más de ser cristiana que yo. Y no lo cambiaría esto por ninguna otra cosa que yo conozca en el mundo"
* Sobre el secreto del éxito: "No fue la suerte ni la influencia. Sólo fue el trabajo duro y la providencia de Dios"

Kathryn Kuhlman

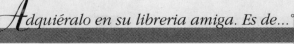

Adquiéralo en su libreria amiga. Es de...

LA ORACION: EL MINISTERIO DE LA IGLESIA

AUTOR: WATCHMAN NEE

NEE enfoca este tema tan interesante e inagotable desde un ángulo diferente.

"Hay personas que deben servir al Señor, sin embargo, están atadas , por la ocupación, por los negocios, por las familia o por alguna circunstancia externa. pueden estar atados por toda clase de cadenas. Pero podemos pedir al Señor que los libere para que sean testigos de El"

Con una vision aguda y profunda W.Nee analiza; La oración hecha en el nombre que Dios nos ha confiado, la oración de autoridad, la oración de la iglesia reunida.

La oración: El Ministerio de la Iglesia cambiara su vida de oración.

CALMA, ERES MAMA

AUTOR: CLAUDIA MUHLAN

Los primeros tres años.

* Usted quiere renunciar a su trabajo como ama de casa y madre?

* Y todo eso sólo porque su hijito de dos años no se lleva bien con ningún otro niño, siempre trae dinamita a su vida matrimonial, y simplemente es un niño imposible? Pues, por qué no se lee simplemente este libro? Aquí una madre de doce, hijos que le dice bien clarito:

* qué es lo que uno puede esperar de un niño pequeño, y qué no;

* dónde la libertad infantil tiene sus límites;

* cuando usted se debería morder los labios en vez de intervenir;

* como se protege el clima familiar de exceso o falta de calor!

Ahora bien, no le parece que todavia hay esperanza? Entonces ¡Láncese en la lectura! Pronto el pequeño impertinente volverá a traer regocijo y ¡Usted podrá volver a gozar la vida!

Adquiéralo en su libreria amiga. Es de...

EDITORIAL PENIEL

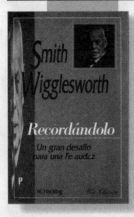